Послѣ́дованїе вече́рни, полꙋно́щницы, ᲂу҆́трени и҆ всено́щнагѡ бдѣ́нїѧ

The Order of Vespers, Midnight Office, Matins, and the All-Night Vigil

И҆зда́тельство
Свѧто-Тро́ицкагѡ монастырѧ̀.
Тѷпогра́фїѧ преп. І҆́ѡва Поча́евскагѡ.
Джорданви́лль, Н.Ї.

Printed with the blessing of His Eminence,
Metropolitan Nicholas, First Hierarch of the
Russian Orthodox Church Outside of Russia

Revised Edition 2023

PRINTSHOP OF
SAINT JOB OF POCHAEV

An imprint of

HOLY TRINITY PUBLICATIONS
Holy Trinity Monastery
1407 Robinson Road, Jordanville, NY 13361

www.HolyTrinityPublications.com

ISBN: 978-0-88465-489-6

Library of Congress Control Number 2018953113

Printed in China.
Regent Publishing Services Limited, Unit 601, 6th Floor,
Viva Place, No. 36 Heung Yip Road, Wong Chuk Hang, Hong Kong
regentpublishingservices.com

IC
XC

Ѿглавле́нїе

Послѣ́дованїе вече́рни 8

Послѣ́дованїе повече́рїѧ
и҆ полꙋ́нощницы 58

Послѣ́дованїе ᲂу҆́трени 80

Чи́нъ ма́лыѧ вече́рни 158

Послѣ́дованїе всено́щнагѡ бдѣ́нїѧ ... 166

Во ст҃ѣ́й четыредесѧ́тницѣ 204

Во четыредесѧ́тницꙋ и҆ н҃цꙋ
прокі́мны 214

Прокі́мны воскр҇ны
и҆ ѻ҆́бщїи ст҃ы̑мъ 232

И҆збра́нный мѣсѧцесло́въ 248

Велича́нїѧ пра́здникѡмъ 276

Ѿпꙋ́сты пра́здничнїи 294

Ѿпꙋ́сты дневні́и 304

Полный текст Месяцеслова на двух языках доступен на Интернет-сайте издательства:
http://holytrinitypublications.com/menologion

Table of Contents

The Order of Vespers 9

The Order of Compline
and the Midnight Office. 59

The Order of Matins 81

The Order of Small Vespers 159

The Order of the All-Night Vigil 167

During the Holy Forty Days of Lent . . . 205

Prokeimena from the Triodion
and the Pentecostarion. 215

The Prokeimena for Sundays,
and Common Prokeimena
for the Saints 233

Selections from the Menologion 249

The Magnifications 277

The Festal Dismissals 295

Daily Dismissals. 305

The full bilingual Menologion may be downloaded at:
http://holytrinitypublications.com/menologion

Послѣ́дованїе вече́рни.

Прише́дъ їере́й во хра́мъ ст҃ы́й и҆ наложи́въ на себѐ є҆пітрахи́ль, стоѧ̀ пре́дъ црⷭ҇кими врⷮ҇ы, глаго́летъ:

Бл҃гослове́нъ бг҃ъ на́шъ всегда̀, ны́нѣ и҆ при́снѡ и҆ во вѣ́ки вѣкѡ́въ.

И҆ ѹ҆чине́нный чте́цъ глаго́летъ:

А҆ми́нь. Сла́ва тебѣ̀, бж҃е на́шъ, сла́ва тебѣ̀. Цр҃ю̀ нбⷭ҇ный: Тристо́е. Прест҃а́ѧ трⷪ҇це: Ѻ҆́ч҃е на́шъ:

Возгла́съ:

Ꙗ҆́кѡ твоѐ є҆́сть црⷭ҇тво, и҆ си́ла, и҆ сла́ва, ѻ҆ц҃а̀ и҆ сн҃а и҆ ст҃а́гѡ дх҃а, ны́нѣ и҆ при́снѡ и҆ во вѣ́ки вѣкѡ́въ.

Чте́цъ: А҆ми́нь. Гдⷭ҇и, поми́лѹй, в҃і. Сла́ва, и҆ нн҃ѣ: Прїиди́те, поклони́мсѧ, три́жды.

И҆ д҃-й ча́съ.

The Order of Vespers

The priest, having entered the holy temple and put on the epitrachelion, stands before the royal doors and says:

Blessed is our God, always, now and ever, and unto the ages of ages.

And the appointed reader says:

Amen. Glory to Thee, our God, glory to Thee. O Heavenly King; Trisagion. O Most Holy Trinity; Our Father . . .

Exclamation:

For Thine is the Kingdom, and the power and the glory, of the Father, and of the Son, and of the Holy Spirit, now and ever, and unto to the ages of ages.

Reader: Amen. Lord, have mercy. Twelve times. Glory; both now . . . O come let us worship . . . Thrice.

And the Ninth Hour.

По не́мже ѿпꙋ́ста не быва́етъ, но глаго́летъ іере́й нача́ло: Бл҃гослове́нъ бг҃ъ на́шъ:

И҆ чте́цъ: Прїиди́те, поклони́мсѧ:

И҆ ѱало́мъ рг҃: Благослове́ни, дꙋшѐ моѧ̀, гдⷭ҇а, гдⷭ҇и бж҃е мо́й:

Іере́й же пре́дъ ст҃ы́ми две́рьми ста́въ ѿкрове́нною главо́ю, глаго́летъ моли́твы свѣти́льничныѧ.

Моли́тва а҃.

Гдⷭ҇и щ҃е́дрый и҆ млⷭ҇тивый, долготерпѣли́ве и҆ многоми́лостиве, внꙋшѝ моли́твꙋ на́шꙋ и҆ вонмѝ гла́сꙋ моле́нїѧ на́шегѡ, сотворѝ съ на́ми зна́менїе во бла́го: наста́ви на́съ на пꙋ́ть тво́й, є҆́же ходи́ти во и҆́стинѣ твое́й: возвеселѝ сердца̀ на̑ша, во є҆́же боѧ́тисѧ и҆́мене твоегѡ̀ ст҃а́гѡ: занѐ ве́лїй є҆сѝ ты̀ и҆ творѧ́й чꙋдеса̀, ты̀ є҆сѝ бг҃ъ є҆ди́нъ, и҆ нѣ́сть подо́бенъ тебѣ̀ въ бозѣ́хъ, гдⷭ҇и: си́ленъ въ млⷭ҇ти и҆ бл҃гъ въ крѣ́пости, во є҆́же помога́ти, и҆ ᲂу҆тѣша́ти, и҆ спаса́ти всѧ̑ ᲂу҆пова́ющыѧ во и҆́мѧ ст҃о́е твоѐ.

After it there is no dismissal, but the priest says the beginning: Blessed is our God:

And the reader: O come let us worship . . .
And Psalm 103: Bless the Lord, O my soul; O Lord my God . . .

And the priest, having stood bareheaded before the holy doors, says the Lamp-lighting Prayers.

First Prayer

O Lord, compassionate and merciful, long-suffering and plenteous in mercy, give ear unto our prayer and attend to the voice of our supplication; work in us a sign unto good; guide us in Thy way, that we may walk in Thy truth; gladden our heart that we may fear Thy holy name; for Thou art great and workest wonders, Thou alone art God, and there is none like unto Thee among the gods, O Lord: strong in mercy and good in might, to help and comfort, and to save all that hope in Thy holy name.

Ꙗ҆́кѡ подоба́етъ тебѣ̀ вса́каѧ сла́ва, че́сть и҆ поклоне́нїе, ѻ҆ц҃ꙋ̀ и҆ сн҃ꙋ и҆ ст҃о́мꙋ дх҃ꙋ, ны́нѣ и҆ при́снѡ и҆ во вѣ́ки вѣкѡ́въ. А҆ми́нь.

Мл҃тва в҃.

Гдⷭ҇и, да не ꙗ҆́ростїю твое́ю ѡ҆блічи́ши на́съ, нижѐ гнѣ́вомъ твои́мъ нака́жеши на́съ, но сотворѝ съ на́ми по млⷭ҇ти твое́й, врачꙋ̀ и҆ и҆сцѣли́телю дꙋ́шъ на́шихъ: наста́ви на́съ ко приста́нищꙋ хотѣ́нїѧ твоегѡ̀: просвѣтѝ ѻ҆́чи серде́цъ на́шихъ въ позна́нїе твоеѧ̀ и҆́стины: и҆ да́рꙋй на́мъ про́чее настоѧ́щагѡ днѐ ми́рное и҆ безгрѣ́шное, и҆ всѐ вре́мѧ животà на́шегѡ, мл҃твами ст҃ы́ѧ бцⷣы и҆ всѣ́хъ ст҃ы́хъ.

Ꙗ҆́кѡ твоѧ̀ держа́ва, и҆ твоѐ є҆́сть црⷭ҇тво, и҆ си́ла, и҆ сла́ва, ѻ҆ц҃а̀ и҆ сн҃а и҆ ст҃а́гѡ дх҃а, ны́нѣ и҆ при́снѡ и҆ во вѣ́ки вѣкѡ́въ. А҆ми́нь.

For unto Thee is due all glory, honor, and worship, to the Father, and to the Son, and to the Holy Spirit, now and ever, and unto the ages of ages. Amen.

Second Prayer

O Lord, rebuke us not in Thine anger, nor chasten us in Thy wrath, but deal with us according to Thy mercy, O Physician and Healer of our souls. Guide us to the haven of Thy will; enlighten the eyes of our hearts to the knowledge of Thy truth; and grant unto us that the remainder of the present day and the whole time of our life may be peaceful and sinless, through the intercessions of the holy Theotokos and of all the saints.

For Thine is the dominion, and Thine is the kingdom, and the power, and the glory, of the Father, and of the Son, and of the Holy Spirit, now and ever, and unto the ages of ages. Amen.

Мл҃тва г҃.

Гд҇и бж҃е на́шъ, помѧнѝ на́съ грѣ́шныхъ и҆ непотре́бныхъ ра́бъ твои́хъ, внегда̀ призыва́ти на́мъ ст҃ое покланѧ́емое и҆́мѧ твоѐ, и҆ не посрамѝ на́съ ѿ ча́ѧнїѧ мл҃ти твоеѧ̀: но да́руй на́мъ, гд҇и, всѧ̑ ꙗ҆̀же ко сп҃се́нїю проше́нїѧ, и҆ сподо́би на́съ люби́ти, и҆ боѧ́тисѧ тебѐ ѿ всегѡ̀ се́рдца на́шегѡ, и҆ твори́ти во всѣ́хъ во́лю твою̀.

Ꙗ҆́кѡ бл҃гъ и҆ чл҃вѣколю́бецъ бг҃ъ є҆сѝ, и҆ тебѣ̀ сла́ву возсыла́емъ, ѻ҆ц҃ꙋ̀ и҆ сн҃ꙋ и҆ ст҃о́мꙋ дх҃ꙋ, ны́нѣ и҆ при́снѡ и҆ во вѣ́ки вѣкѡ́въ. А҆ми́нь.

Мл҃тва д҃.

Немо́лчными пѣ́сньми и҆ непреста́нными славословле́ньми ѿ ст҃ы́хъ си́лъ воспѣва́емый, и҆спо́лни ѹ҆ста̀ на̑ша хвале́нїѧ твоегѡ̀, є҆́же пода́ти вели́чествїе и҆́мени твоемꙋ̀ ст҃о́мꙋ: и҆ да́ждь на́мъ ѹ҆ча́стїе и҆ наслѣ́дїе со всѣ́ми боѧ́щимисѧ

Third Prayer

O Lord our God, remember us, Thy sinful and unprofitable servants, when we call upon Thy holy, venerable name, and turn us not away in shame from the expectation of Thy mercy; but grant us, O Lord, all our requests which are unto salvation, and vouchsafe us to love and fear Thee with our whole heart, and to do Thy will in all things.

For a good God art Thou, and the Lover of mankind, and unto Thee do we send up glory, to the Father, and to the Son, and to the Holy Spirit, now and ever, and unto the ages of ages. Amen.

Fourth Prayer

O Thou Who art praised in song with perpetual hymns and unceasing doxologies of the holy hosts, fill our mouth with Thy praise, that we may magnify Thy holy name. And grant unto us a portion and an inheritance with all that truly fear Thee and keep

тебѐ и҆́стиною и҆ хранѧ́щими за́пѡвѣди твоѧ̑, мл҃твами ст҃ы́ѧ бцⷣы и҆ всѣ́хъ ст҃ы́хъ твои́хъ.

Ꙗ҆́кѡ подоба́етъ тебѣ̀ всѧ́каѧ сла́ва, че́сть и҆ поклоне́нїе, ѻ҆ц҃ꙋ̀ и҆ сн҃ꙋ̀ и҆ ст҃о́мꙋ дх҃ꙋ, ны́нѣ и҆ при́снѡ и҆ во вѣ́ки вѣкѡ́въ. А҆ми́нь.

Мл҃тва є҃.

Гдⷭ҇и, гдⷭ҇и, пречⷭ҇тꙋю твое́ю дла́нїю содержа́й всѧ̑ческаѧ, долготерпѧ́й на всѣ́хъ на́съ и҆ ка́ѧйсѧ ѡ҆ ѕло́бахъ на́шихъ, помѧнѝ щедрѡ́ты твоѧ̑ и҆ млⷭ҇ть твою̀, посѣтѝ ны твое́ю бл҃гостїю, и҆ да́ждь на́мъ и҆збѣжа́ти и҆ про́чее настоѧ́щагѡ днѐ, твое́ю бл҃года́тїю, ѿ разли́чныхъ ко́зней лꙋка́вагѡ, и҆ ненавѣ́тнꙋ жи́знь на́шꙋ соблюдѝ бл҃года́тїю всест҃а́гѡ твоегѡ̀ дх҃а.

Млⷭ҇тїю и҆ чл҃вѣколю́бїемъ є҆диноро́днагѡ твоегѡ̀ сн҃а, съ ни́мже бл҃гослове́нъ є҆сѝ, со всест҃ы́мъ и҆ бл҃ги́мъ и҆ животворѧ́щимъ твои́мъ дх҃омъ, ны́нѣ и҆ при́снѡ и҆ во вѣ́ки вѣкѡ́въ. А҆ми́нь.

Thy commandments, through the intercessions of the holy Theotokos and all Thy saints.

For unto Thee is due all glory, honor, and worship, to the Father, and to the Son, and to the Holy Spirit, now and ever, and unto the ages of ages. Amen.

Fifth Prayer

O Lord, O Lord, Who holdest all things in the most pure hollow of Thy hand, Who art long-suffering toward us all and repentest at our wickedness, remember Thy compassions and Thy mercy. Visit us with Thy goodness, and grant unto us during the remainder of the present day, by Thy grace, to flee the divers snares of the evil one, and preserve our life unassailed through the grace of Thine all-holy Spirit.

Through the mercy and love for mankind of Thine Only-begotten Son, with Whom Thou art blessed, together with Thine all-holy and good and life-creating Spirit, now and ever, and unto the ages of ages. Amen.

Мл҃тва ѕ҃.

Бж҃е вели́кїй и҆ ди́вный, неисповѣди́мою бл҃гостїю и҆ бога́тымъ про́мысломъ ᲂу҆правлѧ́ѧй всѧ́ческаѧ: и҆ мі́рскаѧ на́мъ бл҃га̑ѧ дарова́вый, и҆ спорꙋ́чивый на́мъ ѡ҆бѣща́нное црⷭ҇тво дарова́нными бл҃ги́ми: пꙋтесотвори́вый на́мъ и҆ днѐ преше́дшꙋю ча́сть ѿ всѧ́кагѡ ᲂу҆клони́тисѧ ѕла̀: дарꙋ́й на́мъ и҆ про́чее непоро́чнѡ соверши́ти пред̾ ст҃о́ю сла́вою твое́ю, пѣ́ти тѧ̀ є҆ди́наго бл҃га́го и҆ чл҃вѣколю́биваго бг҃а на́шего.

Ꙗ҆́кѡ ты̀ є҆сѝ бг҃ъ на́шъ, и҆ тебѣ̀ сла́вꙋ возсыла́емъ, ѻ҆ц҃ꙋ̀ и҆ сн҃ꙋ и҆ ст҃о́мꙋ дх҃ꙋ, нынѣ̀ и҆ при́снѡ и҆ во вѣ́ки вѣкѡ́въ. А҆ми́нь.

Мл҃тва з҃.

Бж҃е вели́кїй и҆ вы́шнїй, є҆ди́нъ и҆мѣ́ѧй безсме́ртїе, во свѣ́тѣ живы́й непристꙋ́пнѣмъ, всю̀ тва́рь премꙋ́дростїю созда́вый, раздѣли́вый междꙋ̀ свѣ́томъ

Sixth Prayer

O great and wondrous God, Who with unsearchable goodness and abundant providence orderest all things, and grantest unto us earthly blessings; Who hast given us a pledge of the promised kingdom through the good things already bestowed upon us; and hast made us to shun all evil during that part of the day which is past: grant us also to fulfill the remainder of this day blamelessly before Thy holy glory and to hymn Thee, our God, the only Good One and the Lover of mankind.

For Thou art our God, and unto Thee do we send up glory: to the Father, and to the Son, and to the Holy Spirit, now and ever, and unto the ages of ages. Amen.

Seventh Prayer

O great and most high God, Who alone hast immortality, and dwellest in light unapproachable; Who hast fashioned all creation in wisdom; Who hast divided the light

и҆ междꙋ̀ тмо́ю, и҆ со́лнце положи́вый во ѡ҆́бласть днѐ, лꙋнꙋ́ же и҆ ѕвѣ̑зды во ѡ҆́бласть но́щи, сподо́бивый на́съ грѣ́шныхъ и҆ въ настоѧ́щїй ча́съ предвари́ти лицѐ твоѐ и҆сповѣ́данїемъ и҆ вече́рнее тебѣ̀ славосло́вїе принестѝ: са́мъ, чл҃вѣколю́бче, и҆спра́ви мл҃твꙋ̀ на́шꙋ ꙗ҆́кѡ кади́ло пред̾ тобо́ю и҆ прїимѝ ю҆̀ въ вонѭ̀ бл҃гоꙋха́нїѧ: пода́ждь же на́мъ настоѧ́щїй ве́черъ и҆ приходѧ́щꙋю но́щь ми́рнꙋ: ѡ҆блецы̀ ны̀ во ѻ҆рꙋ́жїе свѣ́та: и҆зба́ви ны̀ ѿ стра́ха нощна́гѡ и҆ всѧ́кїѧ ве́щи во тмѣ̀ преходѧ́щїѧ: и҆ да́ждь со́нъ, є҆го́же во ᲂу҆поко́енїе не́мощи на́шеѧ дарова́лъ є҆сѝ, всѧ́кагѡ мечта́нїѧ дїа́вола ѿчꙋжде́нный. Є҆́й, влⷣко, бл҃ги́хъ пода́телю, да и҆ на ло́жахъ на́шихъ ᲂу҆милѧ́ющесѧ, помина́емъ въ нощѝ и҆́мѧ твоѐ, и҆ поꙋче́нїемъ твои́хъ за́повѣдей просвѣща́еми, въ ра́дости дꙋше́внѣй воста́немъ ко славосло́вїю твоеѧ̀ бл҃гости, моле́нїѧ и҆ моли́твы твоемꙋ̀ бл҃гоꙋтро́бїю, прино-

from the darkness, and hast set the sun for dominion over the day, the moon and stars for dominion over the night; Who hast vouchsafed unto us sinners at this present hour to come before Thy presence with thanksgiving and to offer unto Thee our evening doxology: do Thou Thyself, O Lover of mankind, direct our prayer as incense before Thee and accept it as a sweet-smelling savor; grant unto us that the present evening and the coming night be peaceful. Clothe us with the armor of light. Deliver us from the terror by night and from everything that walketh in darkness. And grant that the sleep which Thou hast given for the repose of our infirmity may be free from all fantasies of the devil. Yea, O Master, Giver of good things, may we, being moved to compunction upon our beds, remember Thy name in the night, and, enlightened by meditation on Thy commandments, arise in joyfulness of soul to the glorification of Thy goodness, offering prayers and supplications

сѧ́ще ѿ свои́хъ согрѣше́нїихъ и҆ всѣ́хъ люде́й твои́хъ, ꙗ҆̀же, моли́твами ст҃ы́ѧ бцⷣы, млⷭ҇тїю посѣтѝ.

Ꙗ҆́кѡ бл҃гъ и҆ чл҃вѣколю́бецъ бг҃ъ є҆сѝ, и҆ тебѣ̀ сла́ву возсыла́емъ, ѻ҆ц҃ꙋ̀ и҆ сн҃ꙋ̀ и҆ ст҃о́мꙋ дх҃ꙋ, нынѣ̀ и҆ при́снѡ и҆ во вѣ́ки вѣкѡ́въ. А҆ми́нь.

И҆спо́лншꙋсѧ же предначина́тельномꙋ ѱалмꙋ̀, глаго́летъ сщ҃е́нникъ, и҆лѝ дїа́конъ, а҆́ще є҆́сть, и҆зше́дъ сѣ́верною страно́ю, и҆ ста́въ на ѻ҆бы́чнѣмъ мѣ́стѣ а҆мвѡ́на, є҆ктенїю̀ сїю̀:

Ми́ромъ гдⷭ҇ꙋ помо́лимсѧ.
Ли́къ: Гдⷭ҇и, поми́лꙋй.
Ѡ҆ свы́шнѣмъ ми́рѣ, и҆ сп҃се́нїи дꙋ́шъ на́шихъ, гдⷭ҇ꙋ помо́лимсѧ.
Ли́къ: Гдⷭ҇и, поми́лꙋй.

to Thy lovingkindness for our own sins and for those of all Thy people, whom do Thou visit in mercy, through the intercessions of the holy Theotokos.

For a good God art Thou, and the Lover of mankind, and unto Thee do we send up glory: to the Father, and to the Son, and to the Holy Spirit, now and ever, and unto the ages of ages. Amen.

When the Introductory Psalm is finished, the priest, or the deacon if there be one, having come out by the northern door, and having stood in the usual place on the ambo, says this litany:

In peace let us pray to the Lord.
Choir: Lord, have mercy.
For the peace from above, and the salvation of our souls, let us pray to the Lord.
Choir: Lord, have mercy.

Ѡ҆ ми́рѣ всегѡ̀ мі́ра, благостоѧ́нїи ст҃ы́хъ бж҃їихъ церкве́й, и҆ соедине́нїи всѣ́хъ, гд҇у помо́лимсѧ.

Ли́къ: Гд҇и, поми́луй.

Ѡ҆ ст҃ѣ́мъ хра́мѣ се́мъ, и҆ съ вѣ́рою, бл҃гоговѣ́нїемъ и҆ стра́хомъ бж҃їимъ входѧ́щихъ въ о́нь, гд҇у помо́лимсѧ.

Ли́къ: Гд҇и, поми́луй.

Ѡ҆ вели́комъ господи́нѣ и҆ ѻ҆тцѣ̀ на́шемъ ст҃ѣ́йшемъ патрїа́рсѣ и҆́мкъ, и҆ ѡ҆ господи́нѣ на́шемъ высокопреѡсщ҃е́ннѣйшемъ митрополі́тѣ и҆́мкъ, первоїера́рсѣ ру́сскїѧ зарубе́жныѧ цр҃кве, и҆ ѡ҆ господи́нѣ на́шемъ высокопреѡсщ҃е́ннѣйшемъ а҆рхїеп҃кпѣ [и҆лѝ преѡсщ҃е́ннѣйшемъ е҆п҃кпѣ] и҆́мкъ, честнѣ́мъ пресвѵ́терствѣ, во хр҇тѣ̀ дїа́констѣ, ѡ҆ все́мъ при́чтѣ и҆ лю́дехъ, гд҇у помо́лимсѧ.

Ли́къ: Гд҇и, поми́луй.

For the peace of the whole world, the good estate of the holy churches of God, and the union of all, let us pray to the Lord.

Choir: Lord, have mercy.

For this holy temple, and for them that with faith, reverence, and the fear of God enter herein, let us pray to the Lord.

Choir: Lord, have mercy.

For our great lord and father, the Most Holy Patriarch N.; for our lord, the Very Most Reverend Metropolitan N., First Hierarch of the Russian Church Abroad; for our lord, the Most Reverend Archbishop [or Right Reverend Bishop] N.; for the honorable priesthood, the diaconate in Christ, for all the clergy and people, let us pray to the Lord.

Choir: Lord, have mercy.

Ѡ҆ странѣ̀ се́й, властѣ́хъ и҆ во́инствѣ є҆ѧ̀, и҆ ѡ҆ всѣ́хъ вѣ́рою и҆ бл҃гоче́стїемъ живꙋ́щихъ въ не́й, гдⷭ҇ꙋ помо́лимсѧ.

Ли́къ: Гдⷭ҇и, поми́лꙋй.

Ѡ҆ бг҃охрани́мѣй странѣ̀ рѡссі́йстѣй и҆ ѡ҆ правосла́вныхъ лю́дехъ є҆ѧ̀ во ѻ҆те́чествїи и҆ разсѣ́ѧнїи сꙋ́щихъ, и҆ ѡ҆ спасе́нїи и҆́хъ, гдⷭ҇ꙋ помо́лимсѧ.

Ли́къ: Гдⷭ҇и, поми́лꙋй.

Ѡ҆ є҆́же и҆зба́вити лю́ди своѧ̑ ѿ вра̑гъ ви́димыхъ и҆ неви́димыхъ, въ на́съ же ᲂу҆тверди́ти є҆диномы́слїе, братолю́бїе и҆ благоче́стїе, гдⷭ҇ꙋ помо́лимсѧ.

Ли́къ: Гдⷭ҇и, поми́лꙋй.

Ѡ҆ гра́дѣ се́мъ [и҆лѝ ѡ҆ ве́си се́й, и҆лѝ ѡ҆ ст҃ѣ́й ѻ҆би́тели се́й], всѧ́комъ гра́дѣ, странѣ̀ и҆ вѣ́рою живꙋ́щихъ въ ни́хъ, гдⷭ҇ꙋ помо́лимсѧ.

Ли́къ: Гдⷭ҇и, поми́лꙋй.

Ѡ҆ благорастворе́нїи воздꙋ́хѡвъ, ѡ҆ и҆зоби́лїи плодѡ́въ земны́хъ и҆ вре́менѣхъ ми́рныхъ, гдⷭ҇ꙋ помо́лимсѧ.

Ли́къ: Гдⷭ҇и, поми́лꙋй.

For this land, its authorities and armed forces, and all who with faith and piety dwell therein, let us pray to the Lord.

Choir: Lord, have mercy.

For the God-preserved Russian land and its Orthodox people both in the homeland and in the diaspora, and for their salvation, let us pray to the Lord.

Choir: Lord, have mercy.

That He may deliver His people from enemies visible and invisible, and confirm in us oneness of mind, brotherly love, and piety, let us pray to the Lord.

Choir: Lord, have mercy.

For this city [or village, or holy monastery], for every city and country, and the faithful that dwell therein, let us pray to the Lord.

Choir: Lord, have mercy.

For seasonable weather, abundance of the fruits of the earth, and peaceful times, let us pray to the Lord.

Choir: Lord, have mercy.

Ѽ пла́вающихъ, путеше́ствующихъ, недꙋ́гꙋющихъ, стра́ждꙋщихъ, плѣне́нныхъ и҆ ѡ҆ сп҃се́нїи и҆́хъ, гд҇ꙋ помо́лимсѧ.
Ли́къ: Гд҇и, поми́лꙋй.
Ѽ и҆зба́витисѧ на́мъ ѿ всѧ́кїѧ ско́рби, гнѣ́ва и҆ нꙋ́жды, гд҇ꙋ помо́лимсѧ.
Ли́къ: Гд҇и, поми́лꙋй.
Заствꙋпѝ, спасѝ, поми́лꙋй и҆ сохранѝ на́съ, бж҃е, твое́ю бл҃года́тїю.
Ли́къ: Гд҇и, поми́лꙋй.
Прест҃ꙋ́ю, пречт҃ꙋ́ю, преблгⷭ҇ослове́ннꙋю сла́внꙋю вл҃чцꙋ̀ на́шꙋ бцⷣ҇ꙋ и҆ приснодв҃ꙋ мр҇і́ю, со всѣ́ми ст҃ы́ми помѧнꙋ́вше, са́ми себѐ и҆ дрꙋ́гъ дрꙋ́га, и҆ ве́сь живо́тъ на́шъ хр҇тꙋ̀ бг҃ꙋ предади́мъ.
Ли́къ: Тебѣ̀, гд҇и.

Возглаше́нїе:

Ꙗ҆́кѡ подоба́етъ тебѣ̀ всѧ́каѧ сла́ва, че́сть и҆ поклоне́нїе, ѻ҆ц҃ꙋ̀, и҆ сн҃ꙋ, и҆ ст҃о́мꙋ дх҃ꙋ, ны́нѣ и҆ при́снѡ, и҆ во вѣ́ки вѣкѡ́въ.
Ли́къ: А҆ми́нь.

For travelers by sea, land and air, for the sick, the suffering, the captives, and for their salvation, let us pray to the Lord.

Choir: Lord, have mercy.

That we may be delivered from all tribulation, wrath, and necessity, let us pray to the Lord.

Choir: Lord, have mercy.

Help us, save us, have mercy on us, and keep us, O God, by Thy grace.

Choir: Lord, have mercy.

Calling to remembrance our most holy, most pure, most blessed, glorious Lady Theotokos and Ever-Virgin Mary with all the saints, let us commit ourselves and one another and all our life unto Christ, our God.

Choir: To Thee, O Lord.

Exclamation:

For unto Thee is due all glory, honor and worship, to the Father, and to the Son, and to the Holy Spirit, now and ever, and unto the ages of ages.

Choir: Amen.

Та́же каѳі́сма рѧдова́ѧ
и҆ ектені̑а:

Па́ки и҆ па́ки ми́ромъ гдⷭ҇ꙋ помо́лимсѧ.
Ли́къ: Гдⷭ҇и, поми́лꙋй.
Застꙋпѝ, спасѝ, поми́лꙋй и҆ сохранѝ на́съ, бж҃е, твое́ю бл҃года́тїю.
Ли́къ: Гдⷭ҇и, поми́лꙋй.
Прест҃ꙋ́ю, пречⷭ҇тꙋ́ю, преблⷭ҇гослове́ннꙋю сла́внꙋю влⷣчцꙋ на́шꙋ бцⷣꙋ и҆ приснодв҃ꙋ мр҃і́ю, со всѣ́ми ст҃ы́ми помѧнꙋ́вше, са́ми себѐ и҆ дрꙋ́гъ дрꙋ́га, и҆ ве́сь живо́тъ на́шъ хрⷭ҇тꙋ̀ бг҃ꙋ предади́мъ.
Ли́къ: Тебѣ̀, гдⷭ҇и.

Возглаше́нїе:

Ꙗ҆́кѡ твоѧ̀ держа́ва и҆ твоѐ є҆́сть црⷭ҇тво и҆ си́ла, и҆ сла́ва, ѻ҆ц҃а̀, и҆ сн҃а, и҆ ст҃а́гѡ дх҃а, ны́нѣ и҆ при́снѡ, и҆ во вѣ́ки вѣкѡ́въ.
Ли́къ: А҆ми́нь.

Then the appointed kathisma and the Small Litany:

Again and again, in peace let us pray to the Lord.

Choir: Lord, have mercy.

Help us, save us, have mercy on us, and keep us, O God, by Thy grace.

Choir: Lord, have mercy.

Calling to remembrance our most holy, most pure, most blessed, glorious Lady Theotokos and Ever-Virgin Mary, with all the saints, let us commit ourselves and one another and all our life unto Christ, our God.

Choir: To Thee, O Lord.

Exclamation:

For Thine is the dominion, and Thine is the kingdom, and the power, and the glory, of the Father, and of the Son, and of the Holy Spirit, now and ever, and unto the ages of ages.

Choir: Amen.

Аще недѣля, по второмъ антїфѡнѣ и ектенїи возгласъ:

Ꙗкѡ благъ и человѣколюбецъ Богъ еси, и тебѣ славу возсылаемъ, Ѻтцу и Сыну и Свѧтому Духу, нынѣ и присно и во вѣки вѣкѡвъ.

Ликъ: Аминь.

По третїемъ антїфѡнѣ и ектенїи возгласъ:

Ꙗкѡ ты еси Богъ нашъ, и тебѣ славу возсылаемъ, Ѻтцу и Сыну и Свѧтому Духу, нынѣ и присно и во вѣки вѣкѡвъ.

Ликъ: Аминь.

Таже, Господи, воззвахъ: поетсѧ на гласъ стїхиръ. Таже стїхиры.

Слава, и нынѣ:

If it be Saturday evening, after the second stasis and the Small Litany, the exclamation:

For a good God art Thou and the Lover of mankind, and unto Thee do we send up glory, to the Father, and to the Son, and to the Holy Spirit, now and ever, and unto the ages of ages.
Choir: Amen.

After the third stasis and the Small Litany, the exclamation:

For Thou art our God, and unto Thee do we send up glory, to the Father, and to the Son, and to the Holy Spirit, now and ever, and unto the ages of ages.
Choir: Amen.

Then, Lord I have cried *is sung in the tone of the stichera. Then the stichera,* Glory, both now.

Мл҃тва вхо́да:

Ве́черъ, и҆ заѹ́тра, и҆ полꙋ́дне, хва́лимъ, бл҃гослови́мъ, бл҃годари́мъ и҆ мо́лимсѧ тебѣ̀, вл҃ко всѣ́хъ: и҆спра́ви мл҃твꙋ на́шꙋ, ꙗ҆́кѡ кади́ло пред̾ тобо́ю, и҆ не ᲂу҆клонѝ серде́цъ на́шихъ въ словеса̀ и҆лѝ въ помышлє́нїѧ лꙋка́вствїѧ: но и҆зба́ви на́съ ѿ всѣ́хъ ловѧ́щихъ дꙋ́шы на́шѧ, ꙗ҆́кѡ къ тебѣ̀, гдⷭ҇и, гдⷭ҇и, ѻ҆́чи на́ши, и҆ на тѧ̀ ᲂу҆пова́хомъ, да не посрами́ши на́съ, бж҃е на́шъ.

Ꙗ҆́кѡ подоба́етъ тебѣ̀ всѧ́каѧ сла́ва, че́сть и҆ поклоне́нїе, ѻ҆ц҃ꙋ̀ и҆ сн҃ꙋ и҆ ст҃о́мꙋ дх҃ꙋ, ны́нѣ и҆ при́снѡ и҆ во вѣ́ки вѣкѡ́въ. А҆ми́нь.

Та́же бл҃гословлѧ́етъ вхо́дъ. И҆ возглаша́етъ дїа́конъ:

Премꙋ́дрость, про́сти.

Ли́къ же:

Свѣ́те ти́хїй ст҃ы́ѧ сла́вы, без- сме́ртнагѡ, ѻ҆ц҃а̀ небе́снагѡ, ст҃а́гѡ

The Prayer of the Entrance:

Evening, and morning, and noonday we praise Thee, we bless Thee, we give thanks unto Thee, and we pray Thee, O Master of all: Set forth our prayer in thy sight as incense, and incline not our hearts unto evil words or thoughts; but deliver us from all that hunt after our souls: for unto Thee, Lord, O Lord, do we lift up our eyes, and in Thee have we hoped, let us not be put to shame, O our God.

For unto Thee is due all glory, honor and worship, to the Father, and to the Son, and to the Holy Spirit, now and ever, and unto the ages of ages. Amen.

Then he blesses the entrance.

And the deacon exclaims:

Wisdom, aright!

And the choir:

O gentle Light of the holy glory of the immortal, heavenly, holy, blessed Father, O Jesus Christ: having come to the setting

бл҃же́ннагѡ, і҆и҃се хр҃тѐ: прише́дше на за́падъ со́лнца, ви́дѣвше свѣ́тъ вече́рнїй поемъ ѻ҆ц҃а̀, сн҃а и҆ ст҃а́гѡ дх҃а, бг҃а. Досто́инъ є҆сѝ во всѧ҄ времена̀ пѣ́тъ бы́ти гла҃сы преподо́бными, сн҃е бж҃їй, живо́тъ дая́й: тѣ́мже мі́ръ тѧ̀ сла́витъ.

По вхо́дѣ же дїа́конъ: Во́нмемъ.

Сщ҃е́нникъ: Ми́ръ всѣ҄мъ.

Дїа́конъ: Премꙋ́дрость.

И҆ глаго́летсѧ прокі́менъ днѐ:

Въ сꙋббѡ́тꙋ ве́чера, гла́съ ѕ҃:

Гдⷭ҇ь воцари́сѧ, въ лѣ́потꙋ ѡ҆блече́сѧ.

Сті́хъ: Ѡ҆блече́сѧ гдⷭ҇ь въ си́лꙋ и҆ препо́ѧсасѧ.

Сті́хъ: И҆́бо ᲂу҆твердѝ вселе́ннꙋю, ꙗ҆́же не подви́жетсѧ.

Сті́хъ: До́мꙋ твоемꙋ̀ подоба́етъ ст҃ы́нѧ, гдⷭ҇и, въ долготꙋ̀ дні́й.

И҆ па́ки: Гдⷭ҇ь воцари́сѧ:

Ли́къ: Въ лѣ́потꙋ ѡ҆блече́сѧ.

of the sun, having beheld the evening light, we praise the Father, the Son, and the Holy Spirit: God. Meet it is for Thee at all times to be hymned with reverent voices, O Son of God, Giver of life. Wherefore, the world doth glorify Thee.

After the entrance, Deacon: Let us attend.

Priest: Peace be unto all.

Deacon: Wisdom!

And the prokeimenon of the day is said.

On Saturday evening, Sixth Tone:

The Lord is King, He is clothed with majesty.

Verse: The Lord is clothed in strength, and hath girt Himself.

Verse: For He hath made the whole world so sure, that it shall not be moved.

Verse: Holiness becometh Thine house, O Lord, unto length of days.

And again: The Lord is King . . .

Choir: He is clothed with majesty.

Въ недѣ́лю ве́чера, гла́съ и҃:

Се́ ны́нѣ бл҃гослови́те гд҇а, вси̑ раби̑ гд҇ни.

Сті́хъ: Стоѧ́щїи во хра́мѣ гд҇ни, во дво́рѣхъ до́мꙋ бг҃а на́шегѡ.

Въ понедѣ́льникъ ве́чера, гла́съ д҃:

Гд҇ь ᲂу҆слы́шитъ мѧ̀, внегда̀ воззва́ти мѝ къ немꙋ̀.

Сті́хъ: Внегда̀ призва́ти мѝ, ᲂу҆слы́ша мѧ̀ бг҃ъ пра́вды моеѧ̀.

Во вто́рникъ ве́чера, гла́съ а҃:

Млⷭ҇ть твоѧ̀, гд҇и, пожене́тъ мѧ̀ всѧ҄ дни҄ живота̀ моегѡ̀.

Сті́хъ: Гд҇ь пасе́тъ мѧ̀, и҆ ничто́же мѧ̀ лиши́тъ: на мѣ́стѣ ѕла́чнѣ, та́мѡ всели́ мѧ.

Въ сре́дꙋ ве́чера, гла́съ є҃:

Бж҃е, во и҆́мѧ твоѐ спаси́ мѧ, и҆ въ си́лѣ твое́й сꙋди́ мѝ.

Сті́хъ: Бж҃е, ᲂу҆слы́ши мл҃твꙋ мою̀, внꙋши̑ глаго́лы ᲂу҆́стъ мои́хъ.

On Sunday evening, Eighth Tone:

Behold now, bless ye the Lord, all ye servants of the Lord.

Verse: That stand in the house of the Lord, even in the courts of the house of our God.

On Monday evening, Fourth Tone:

When I call upon Him, the Lord will hear me.

Verse: When I called, the God of my righteousness heard me.

On Tuesday evening, First Tone:

Thy mercy, O Lord, shall follow me all the days of my life.

Verse: The Lord is my shepherd; therefore can I lack nothing. He maketh me to lie down in a green pasture.

On Wednesday evening, Fifth Tone:

O God, in Thy name save me, and judge me by Thy power.

Verse: Hear my prayer, O God; hearken unto the words of my mouth.

Въ четверто́къ ве́чера, гла́съ ѕ҃:

По́мощь моѧ̀ ѿ гдⷭ҇а, сотво́ршагѡ не́бо и҆ зе́млю.

Сті́хъ: Возведо́хъ ѻ҆́чи мои̑ въ го́ры, ѿню́дꙋже прїи́детъ по́мощь моѧ̀.

Въ пѧто́къ ве́чера, гла́съ з҃:

Бж҃е, засту́пникъ мо́й є҆сѝ ты̀, и҆ млⷭ҇ть твоѧ̀ предвари́тъ мѧ̀.

Сті́хъ: И҆зми́ мѧ ѿ вра̑гъ мои́хъ, бж҃е, и҆ ѿ востаю́щихъ на мѧ̀ и҆зба́ви мѧ̀.

Ѡ҆бра́щьсѧ же сщ҃е́нникъ къ за́падꙋ согбе́нѣ и҆мѣ́ѧй рꙋцѣ̀, стои́тъ ѡ҆жида́ѧй и҆сполне́нїѧ прокі́мна, та́же покланѧ́етсѧ и҆ ѿхо́дитъ на мѣ́сто своѐ.

По прокі́мнѣ же, глаго́летъ дїа́конъ, а҆́ще є҆́сть, и҆зше́дъ сѣ́верною страно́ю, їере́й же внꙋ́трь ѻ҆лтарѧ̀ стои́тъ пред̾ стⷭ҇о́ю трапе́зою:

On Thursday evening, Sixth Tone:

My help cometh even from the Lord, Who hath made heaven and earth.

Verse: I lifted up mine eyes unto the hills; from whence my help will come.

On Friday evening, Seventh Tone:

Thou, O God, art my defender, and Thy mercy shall go before me.

Verse: Rescue me from mine enemies, O God, and deliver me from them that rise up against me.

And the priest, facing westward, having his hands folded, stands awaiting the completion of the prokeimenon, then makes a reverence and goes back to his place.

After the prokeimenon, the deacon, if there be one, having gone out by the northern door while the priest in the sanctuary stands before the Holy Table, says:

Рце́мъ вси̑ ѿ всеѧ̀ дꙋши̑, и҆ ѿ всегѡ̀ помышле́нїѧ на́шегѡ рце́мъ.

Ли́къ: Гдⷭ҇и, поми́лꙋй.

Гдⷭ҇и вседержи́телю, бж҃е ѻ҆тє́цъ на́шихъ, мо́лимтисѧ, ᲂу҆слы́ши и҆ поми́лꙋй.

Ли́къ: Гдⷭ҇и, поми́лꙋй.

Поми́лꙋй на́съ, бж҃е, по вели́цѣй млⷭ҇ти твое́й, мо́лимтисѧ, ᲂу҆слы́ши и҆ поми́лꙋй.

Ли́къ: Гдⷭ҇и, поми́лꙋй, три́жды.

Є҆щѐ мо́лимсѧ ѡ҆ вели́комъ господи́нѣ и҆ ѻ҆тцѣ̀ на́шемъ ст҃ѣ́йшемъ патрїа́рсѣ и҆мрк҃ъ, и҆ ѡ҆ господи́нѣ на́шемъ высокопреѡсвѧще́ннѣйшемъ митрополі́тѣ и҆мрк҃ъ, первоїера́рсѣ рꙋ́сскїѧ зарꙋбе́жныѧ цр҃кве, и҆ ѡ҆ господи́нѣ на́шемъ высокопреѡсвѧще́ннѣйшемъ а҆рхїеп҃кпѣ [и҆ли̑ преѡсвѧще́ннѣйшемъ є҆п҃кпѣ] и҆мрк҃ъ, и҆ ѡ҆ всей во хрⷭ҇тѣ̀ бра́тїи на́шей.

Ли́къ: Гдⷭ҇и, поми́лꙋй, три́жды.

Є҆щѐ мо́лимсѧ ѡ҆ странѣ̀ се́й, власте́хъ и҆ во́инствѣ є҆ѧ̀, и҆ всѣ́хъ вѣ́рою и҆ бл҃гочє́стїемъ живꙋ́щихъ въ не́й.

Ли́къ: Гдⷭ҇и, поми́лꙋй, три́жды.

Let us all say with our whole soul and with our whole mind, let us say.

Choir: Lord, have mercy.

O Lord Almighty, the God of our Fathers, we pray Thee, hearken and have mercy.

Choir: Lord, have mercy.

Have mercy on us, O God, according to Thy great mercy, we pray Thee, hearken and have mercy.

Choir: Lord, have mercy. Thrice.

Again we pray for our great lord and father, the Most Holy Patriarch N.; for our lord the Very Most Reverend Metropolitan N., First Hierarch of the Russian Church Abroad; for our lord the Most Reverend Archbishop [or Right Reverend Bishop] N.; and for all our brethren in Christ.

Choir: Lord, have mercy. Thrice.

Again we pray for this land, its authorities and armed forces, and all who with faith and piety dwell therein.

Choir: Lord, have mercy. Thrice.

Ещѐ мо́лимсѧ ѡ҆ бг҃охрани́мѣй странѣ̀ рѡссі́йстѣй и҆ правосла́вныхъ лю́дехъ е҆ѧ̀ во ѻ҆те́чествїи и҆ разсѣ́ѧнїи сꙋ́щихъ и҆ ѡ҆ спасе́нїи и҆́хъ.

Ли́къ: Гдⷭ҇и, поми́лꙋй, три́жды.

Ещѐ мо́лимсѧ гдⷭ҇ꙋ бг҃ꙋ на́шемꙋ ѡ҆ е҆́же и҆зба́вити лю́ди своѧ̑ ѿ врагъ ви́димыхъ и҆ неви́димыхъ, въ на́съ же ᲂу҆тверди́ти е҆диномы́слїе, братолю́бїе и҆ бл҃гоче́стїе.

Ли́къ: Гдⷭ҇и, поми́лꙋй, три́жды.

Ещѐ мо́лимсѧ ѡ҆ бл҃же́нныхъ и҆ приснопа́мѧтныхъ созда́телехъ ст҃а́гѡ хра́ма сегѡ̀ [а҆́ще во ѻ҆би́тели: ст҃ы́ѧ ѻ҆би́тели сеѧ̀], и҆ ѡ҆ всѣ́хъ преждепочи́вшихъ ѻ҆тцѣ́хъ и҆ бра́тїѧхъ, здѣ̀ лежа́щихъ и҆ повсю́дꙋ, правосла́вныхъ.

Ли́къ: Гдⷭ҇и, поми́лꙋй, три́жды.

Ещѐ мо́лимсѧ ѡ҆ млⷭ҇ти, жи́зни, ми́рѣ, здра́вїи, спⷭ҇е́нїи, посѣще́нїи, проще́нїи и҆ ѡ҆ставле́нїи грѣхѡ́въ рабѡ́въ бж҃їихъ, бра́тїи ст҃а́гѡ хра́ма сегѡ̀ [а҆́ще во ѻ҆би́тели: ст҃ы́ѧ ѻ҆би́тели сеѧ̀].

Ли́къ: Гдⷭ҇и, поми́лꙋй, три́жды.

Again we pray for the God-preserved Russian land and its Orthodox people both in the homeland and the diaspora, and for their salvation.

Choir: Lord, have mercy. Thrice.

Again we pray to the Lord our God that He may deliver His people from enemies, visible and invisible, and confirm in us oneness of mind, brotherly love, and piety.

Choir: Lord, have mercy. Thrice.

Again we pray for the blessed and ever-memorable founders of this holy temple [if it be a monastery: this holy monastery], and for our fathers and brethren gone to their rest before us, and for all the Orthodox here and everywhere laid to rest.

Choir: Lord, have mercy. Thrice.

Again we pray for mercy, life, peace, health, salvation, visitation, pardon and remission of the sins of the servants of God, the brethren of this holy temple [if it be a monastery: this holy monastery].

Choir: Lord, have mercy. Thrice.

Є҆щѐ мо́лимсѧ ѡ҆ плодонося́щихъ и҆ добродѣ́ющихъ во ст҃ѣ́мъ и҆ всечестнѣ́мъ хра́мѣ се́мъ, трꙋждáющихсѧ, пою́щихъ и҆ предстоѧ́щихъ лю́дехъ, ѡ҆жидáющихъ ѿ тебѐ ве́лїѧ и҆ бога́тыѧ млⷭ҇ти.

Лі́къ: Гдⷭ҇и, поми́лꙋй, три́жды.

Возглаша́етъ сщ҃е́нникъ:

Ꙗ҆́кѡ млⷭ҇тивъ и҆ чл҃вѣколю́бецъ бг҃ъ є҆сѝ, и҆ тебѣ̀ сла́вꙋ возсыла́емъ, ѻ҆ц҃ꙋ̀ и҆ сн҃ꙋ и҆ ст҃о́мꙋ дх҃ꙋ, ны́нѣ и҆ при́снѡ и҆ во вѣ́ки вѣкѡ́въ.

Лі́къ: А҆ми́нь.

Та́же: Сподо́би, гдⷭ҇и, въ ве́черъ се́й:

Дїа́конъ:

И҆спо́лнимъ вече́рнюю млⷭ҇твꙋ на́шꙋ гдⷭ҇еви.

Лі́къ: Гдⷭ҇и, поми́лꙋй.

Застꙋпѝ, спасѝ, поми́лꙋй и҆ сохранѝ на́съ, бж҃е, твое́ю блгⷣтїю.

Лі́къ: Гдⷭ҇и, поми́лꙋй.

Again we pray for them that bring offerings and do good works in this holy and all-venerable temple; for them that minister and them that chant, and for all the people here present that await of Thee great and abundant mercy.
Choir: Lord, have mercy. Thrice.

The priest exclaimeth:

For a merciful God art Thou and the Lover of mankind, and unto Thee do we send up glory, to the Father, and to the Son, and to the Holy Spirit, now and ever, and unto the ages of ages.
Choir: Amen.

Then: Vouchsafe, O Lord, to keep us . . .

The deacon:

Let us complete our evening prayer unto the Lord.
Choir: Lord, have mercy.
Help us, save us, have mercy on us, and keep us, O God, by Thy grace.
Choir: Lord, have mercy.

Ве́чера всегѡ̀ соверше́нна, ст҃а, ми́рна и҆ безгрѣ́шна, оу҆ гд҃а про́симъ.
Ли́къ: Пода́й, гд҃и.
А҆́гг҃ла ми́рна, вѣ́рна наста́вника, храни́тела дꙋ́шъ и҆ тѣле́съ на́шихъ, оу҆ гд҃а про́симъ.
Ли́къ: Пода́й, гд҃и.
Проще́нїѧ и҆ ѡ҆ставле́нїѧ грѣхѡ́въ и҆ прегрѣше́нїй на́шихъ, оу҆ гд҃а про́симъ.
Ли́къ: Пода́й, гд҃и.
До́брыхъ и҆ поле́зныхъ дꙋша́мъ на́шымъ и҆ ми́ра мі́рови, оу҆ гд҃а проси́мъ.
Ли́къ: Пода́й, гд҃и.
Про́чее вре́мѧ живота̀ на́шегѡ въ ми́рѣ и҆ покаѧ́нїи скончა́ти, оу҆ гд҃а про́симъ.
Ли́къ: Пода́й, гд҃и.
Хрⷭ҇тїа́нскїѧ кончи́ны живота̀ на́шегѡ, безболѣ́знены, непосты́дны, ми́рны, и҆ до́брагѡ ѿвѣ́та на стра́шнѣмъ сꙋди́щи хрⷭ҇то́вѣ, про́симъ.
Ли́къ: Пода́й, гд҃и.

That the whole evening may be perfect, holy, peaceful, and sinless, let us ask of the Lord.

Choir: Grant this, O Lord.

An angel of peace, a faithful guide, a guardian of our souls and bodies, let us ask of the Lord.

Choir: Grant this, O Lord.

Pardon and remission of our sins and offences, let us ask of the Lord.

Choir: Grant this, O Lord.

Things good and profitable for our souls, and peace for the world, let us ask of the Lord.

Choir: Grant this, O Lord.

That we may complete the remaining time of our life in peace and repentance, let us ask of the Lord.

Choir: Grant this, O Lord.

A Christian ending to our life, painless, blameless, peaceful, and a good defense before the dread judgment seat of Christ, let us ask.

Choir: Grant this, O Lord.

Престꙋ́ю, пречи́стꙋю, преблгⷭ҇лове́ннꙋю, сла́внꙋю влⷣчцꙋ на́шꙋ бцⷣꙋ и҆ приснодв҃ꙋ мр҃і́ю, со всѣ́ми ст҃ы́ми помѧнꙋ́вше, са́ми себѐ и҆ дрꙋ́гъ дрꙋ́га, и҆ ве́сь живо́тъ на́шъ хрⷭ҇тꙋ̀ бг҃ꙋ предади́мъ.

Ли́къ: Тебѣ̀, гдⷭ҇и.

И҆ сщ҃е́нникъ возглаша́етъ:

Ꙗ҆́кѡ бл҃гъ и҆ чл҃вѣколю́бецъ бг҃ъ є҆сѝ, и҆ тебѣ̀ сла́вꙋ возсыла́емъ, ѻ҆ц҃ꙋ̀ и҆ сн҃ꙋ и҆ ст҃о́мꙋ дх҃ꙋ, ны́нѣ и҆ при́снѡ и҆ во вѣ́ки вѣкѡ́въ.

Ли́къ: А҆ми́нь.

Сщ҃е́нникъ: Ми́ръ всѣ̑мъ.

Ли́къ: И҆ дꙋ́хови твоемꙋ̀.

Дїа́конъ: Главы̀ на́шѧ гдⷭ҇еви прикло́нимъ.

Ли́къ: Тебѣ̀, гдⷭ҇и.

Моли́тва главоприклоне́нїѧ:

Гдⷭ҇и бж҃е на́шъ, приклони́вый небеса̀ и҆ соше́дый на сп҃се́нїе ро́да чл҃вѣ́ческагѡ, при́зри на рабы̑ твоѧ̑ и҆ на достоѧ́нїе твоѐ: тебѣ́ бо стра́шномꙋ и҆ чл҃вѣколю́бцꙋ сꙋдїи̑

Calling to remembrance our most holy, most pure, most blessed, glorious Lady Theotokos and Ever-Virgin Mary, with all the saints, let us commit ourselves and one another and all our life unto Christ, our God.

Choir: To Thee, O Lord.

The priest exclaimeth:

For a good God art Thou, and the Lover of mankind, and unto Thee do we send up glory, to the Father, and to the Son, and to the Holy Spirit, now and ever, and unto the ages of ages.

Choir: Amen.

Priest: Peace be unto all.

Choir: And to thy spirit.

Deacon: Let us bow our heads unto the Lord.

Choir: To Thee, O Lord.

The Prayer at the Bowing of Heads:

O Lord our God, Who didst bow down the heavens and come down for the salvation of the human race, look upon Thy servants and upon Thine inheritance. For unto

твоѝ ра́би подклони́ша главы̑, своѧ̑ же покори́ша вы̑ѧ, не ѿ чл҃вѣ̑къ ѡжида́юще по́мощи, но твоеѧ̀ ѡжида́юще млⷭ҇ти и҆ твоегѡ̀ ча́юще сп҃се́нїѧ, ꙗ҆̀же сохранѝ на всѧ́кое вре́мѧ, и҆ по настоѧ́щемъ ве́черѣ, и҆ въ приходѧ́щꙋю но́щь ѿ всѧ́кагѡ врага̀, ѿ всѧ́кагѡ проти́внагѡ дѣ́йства дїа́вольскагѡ, и҆ ѿ помышле́нїй сꙋ́етныхъ, и҆ воспомина́нїй лꙋка́выхъ.

Та́же возглаша́етъ сщ҃е́нникъ:

Бꙋ́ди держа́ва црⷭ҇твїѧ твоегѡ̀ бл҃гослове́на и҆ препросла́влена, ѻ҆ц҃а̀ и҆ сн҃а и҆ ст҃а́гѡ дх҃а, нн҃ѣ и҆ при́снѡ и҆ во вѣ́ки вѣкѡ́въ.

Ли́къ: А҆ми́нь.

Та́же стїхи̑ры стїхѡ́вны:

Ны́нѣ ѿпꙋща́еши:

Трисщ҃о́е. По Ѻ҆́ч҃е на́шъ:

Thee, the dread Judge and Lover of mankind, have Thy servants bowed their heads, and submitted their necks, not expecting help from man, but awaiting Thy mercy and looking for Thy salvation: keep them at all times, during both the present evening and the coming night, from every enemy, from every opposing work of the devil, and from vain thoughts and evil memories.

Then the priest exclaims:

Blessed and most glorified be the dominion of Thy kingdom, of the Father, and of the Son, and of the Holy Spirit, now and ever, and unto the ages of ages.

Choir: Amen.

Then the stichera of the Aposticha.

Now lettest Thou Thy servant . . .

Trisagion to Our Father . . .

Возглаша́етъ сщ҃е́нникъ:

Ꙗ҆́кѡ твоѐ є҆́сть црⷭ҇тво, и҆ си́ла, и҆ сла́ва, Ѻ҆ц҃а̀ и҆ с҃на и҆ ст҃а́гѡ дх҃а, ны́нѣ и҆ при́снѡ и҆ во вѣ́ки вѣкѡ́въ.

Ли́къ: А҆ми́нь.

И ѿпꙋсти́тельный тропа́рь.

Дїа́конъ: Премꙋ́дрость.

Ли́къ: Бл҃гословѝ.

Їере́й: Сы́й бл҃гослове́нъ хрⷭ҇то́съ бг҃ъ на́шъ, всегда̀, ны́нѣ и҆ при́снѡ и҆ во вѣ́ки вѣкѡ́въ.

Ли́къ: А҆ми́нь. Ѹ҆твердѝ, бж҃е, ст҃ꙋ́ю правосла́внꙋю вѣ́рꙋ, правосла́вныхъ хрⷭ҇тїа́нъ во вѣ́къ вѣ́ка.

Їере́й: Прест҃а́ѧ бцⷣе, спасѝ на́съ.

Ли́къ: Чтⷭ҇нѣ́йшꙋю херꙋві̑мъ:

Їере́й: Сла́ва тебѣ̀, хрⷭ҇тѐ бж҃е, ᲂу҆пова́нїе на́ше, сла́ва тебѣ̀.

Ли́къ: Сла́ва, и҆ ны́нѣ: Гдⷭ҇и, поми́лꙋй, три́жды. Бл҃гословѝ.

The priest exclaims:

For Thine is the kingdom, and the power and the glory, of the Father, and of the Son, and of the Holy Spirit, now and ever, and unto the ages of ages.

Choir: Amen.

And the dismissal troparion.

Deacon: Wisdom!

Choir: (Father,) Bless.

Priest: He Who Is is blessed, Christ our God, always, now and ever, and unto the ages of ages.

Choir: Amen. Establish, O God, the holy Orthodox faith of Orthodox Christians, unto the ages of ages.

Priest: Most holy Theotokos, save us.

Choir: More honorable than the Cherubim …

Priest: Glory to Thee, O Christ God, our hope, glory to Thee.

Choir: Glory … both now … Lord, have mercy, Thrice. (Father,) Bless.

Їере́й же ѡ҆брати́всѧ ѿ ст҃ы́хъ две́рїй на за́падъ къ лю́демъ, и҆з̾ црⷭ҇кихъ вра́тъ глаго́летъ ѿпꙋ́стъ и҆ помина́етъ ст҃а́го, є҆гѡ́же є҆́сть хра́мъ, и҆ ст҃а́го, є҆мꙋ́же слꙋ́жба пое́тсѧ.

И҆ ли́къ пое́тъ многолѣ́тїе.

The priest, having turned from the holy doors to the west to face the people, says the dismissal from the royal gates, and he commemorates the Saint of the temple, and the Saint whose service has been sung. And the choir sings the polychronion.

Послѣ́дованїе повече́рїѧ и҆ полꙋно́щницы.

І҆ере́й и҆схо́дитъ пред̾ ѻ҆лта́рь, и҆ сотвори́въ трѝ покло́на, начина́етъ:

Бл҃гослове́нъ бг҃ъ на́шъ всегда̀, ны́нѣ и҆ при́снѡ и҆ во вѣ́ки вѣкѡ́въ.

Чте́цъ: А҆ми́нь. Прїиди́те, поклони́мсѧ, три́жды, и҆ чте́тъ повече́рїе и҆лѝ полꙋно́щницꙋ.

І҆ере́й же сотвори́въ трѝ покло́на, а҆́бїе ѿхо́дитъ въ ѻ҆лта́рь.

По тропарѣ́хъ: Трист҃о́е, Ѻ҆́ч҃е на́шъ: и҆ возгла́съ:

Ꙗ҆́кѡ твоѐ е҆́сть цр҃тво, и҆ си́ла, и҆ сла́ва, ѻ҆ц҃а̀ и҆ сн҃а и҆ ст҃а́гѡ дх҃а, ны́нѣ и҆ при́снѡ и҆ во вѣ́ки вѣкѡ́въ.

Чте́цъ: А҆ми́нь.

The Order of Compline and the Midnight Office

The priest comes out before the sanctuary, and having made three reverences, he begins:

Blessed is our God, always, now and ever, and unto the ages of ages.

Reader says: Amen. O come let us worship . . . Thrice, and he reads the Compline or the Midnight Office.

And the priest, having made three reverences, immediately enters the sanctuary.

After the troparia, the Trisagion, Our Father, and the exclamation:

For Thine is the kingdom, and the power and the glory, of the Father, and of the Son, and of the Holy Spirit, now and ever, and unto the ages of ages.

Reader: Amen.

По Честнѣ́йшꙋю херꙋві́мъ: возгла́съ:

На повече́ріи:

Мл҃твами ст҃ы́хъ ѻ҆тє́цъ на́шихъ, гдⷭ҇и і҆и҃се хрⷭ҇тѐ бж҃е на́шъ, поми́лꙋй на́съ.

А҆ на полꙋ́нощницѣ:

Бж҃е, ѹ҆ще́дри ны̀, и҆ бл҃гослови́ ны: просвѣтѝ лицѐ твоѐ на ны, и҆ поми́лꙋй ны̀.

По тропарѣ́хъ же: Поми́лꙋй на́съ, гдⷭ҇и: Гдⷭ҇и, поми́лꙋй на́съ: и҆ Милосе́рдїѧ две́ри: на полꙋ́нощницѣ глаго́летъ і҆ере́й є҆ктенїю̀ сїю̀:

Поми́лꙋй на́съ, бж҃е, по вели́цѣй млⷭ҇ти твое́й, мо́лимтисѧ, ѹ҆слы́ши и҆ поми́лꙋй.
Ли́къ: Гдⷭ҇и, поми́лꙋй, три́жды.

Е҆щѐ мо́лимсѧ ѡ҆ є҆́же сохрани́тисѧ ст҃ѣ́й ѻ҆би́тели се́й, [и҆лѝ всѧ́комꙋ гра́дꙋ] и҆ всѧ́кой ѻ҆би́тели, гра́дꙋ, и҆ ве́си и҆ всѧ́кой странѣ̀, ѿ гла́да, гꙋби́тельства, трꙋ́са, пото́па, ѻ҆гнѧ̀, мечѧ̀, наше́ствїѧ и҆нопле-

After More honorable . . . , the exclamation:

At Compline:

Through the prayers of our holy fathers, O Lord Jesus Christ our God, have mercy on us.

And at the Midnight Office:

God be gracious unto us and bless us; cause Thy face to shine upon us, and have mercy on us.

And after the troparia: Have mercy on us, O Lord; and Lord, have mercy on us; and The door of compassion: at the Midnight Office the priest says this litany:

Have mercy on us, O God, according to Thy great mercy, we pray Thee, hearken and have mercy.

Choir: Lord, have mercy. Thrice.

Again we pray that this holy monastery (or this city) and every monastery, city, village, and every country be preserved from famine, pestilence, earthquake, flood, fire, the sword,

ме́нникѡвъ, и҆ междоꙋсо́бныѧ бра́ни: ѡ҆ є҆́же млⷭ҇тивꙋ и҆ бл҃гоꙋвѣ́тливꙋ бы́ти бл҃го́мꙋ и҆ чл҃вѣколюби́вомꙋ бг҃ꙋ на́шемꙋ, ѿврати́ти вса́кїй гнѣ́въ на ны̀ движи́мый, и҆ и҆зба́вити ны̀ ѿ належа́щагѡ и҆ прⷣнагѡ своегѡ̀ преще́нїѧ, и҆ поми́ловати ны̀.

Лі́къ: Гдⷭ҇и, поми́лꙋй, м҃.

Возгла́съ:

Ꙋ҆слы́ши ны̀, бж҃е сп҃телю на́шъ, ꙋ҆пова́нїе всѣ́хъ конце́въ землѝ, и҆ сꙋ́щихъ въ мо́ри дале́че: и҆ млⷭ҇тивъ, млⷭ҇тивъ бꙋ́ди, влⷣко, ѡ҆ грѣсѣ́хъ на́шихъ, и҆ поми́лꙋй ны̀: млⷭ҇тивъ бо и҆ чл҃вѣколю́бецъ бг҃ъ є҆сѝ, и҆ тебѣ̀ сла́вꙋ возсыла́емъ, ѻ҆ц҃ꙋ̀ и҆ сн҃ꙋ и҆ ст҃о́мꙋ дх҃ꙋ, ны́нѣ и҆ при́снѡ и҆ во вѣ́ки вѣкѡ́въ.

Лі́къ: А҆ми́нь.

Сщ҃е́нникъ: Сла́ва тебѣ̀, хрⷭ҇тѐ бж҃е, ꙋ҆пова́нїе на́ше, сла́ва тебѣ̀.

Лі́къ: Сла́ва, и҆ ны́нѣ: Гдⷭ҇и, поми́лꙋй, три́жды. Бл҃гословѝ.

foreign invasion, and from civil war; that our good God Who loveth mankind may be gracious and favourable, that He may turn away all the wrath stirred up against us, and deliver us from His righteous threatening which hangeth over us, and have mercy on us.

Choir: Lord, have mercy. Forty times.

Exclamation:

Hearken unto us, O God our Saviour, Thou hope of all the ends of the earth and of them that be far off at sea; and be merciful, be merciful, O Master, regarding our sins, and have mercy on us. For a merciful God art Thou, and the Lover of mankind, and unto Thee do we send up glory, to the Father, and to the Son, and to the Holy Spirit, now and ever, and unto the ages of ages.

Choir: Amen.

Priest: Glory to Thee, O Christ God, our hope, glory to Thee.

Choir: Glory ... both now ... Lord, have mercy, Thrice. (Father,) bless.

Сщ҃е́нникъ, ѿпꙋ́стъ:

Хрⷭ҇то́съ и҆́стинный бг҃ъ на́шъ, мл҃твами пречⷭ҇тыѧ своеѧ̀ мт҃ре, прпⷣбныхъ и҆ бг҃оно́сныхъ ѻ҆те́цъ на́шихъ, и҆ всѣ́хъ ст҃ы́хъ, поми́лꙋетъ и҆ спасе́тъ на́съ, ꙗ҆́кѡ бл҃гъ и҆ чл҃вѣколю́бецъ.

На повече́рїи и҆ полꙋно́щницѣ по ѿпꙋ́стѣ ї҆ере́й твори́тъ поклоне́нїе бра́тїи, глаго́лѧ:

Бл҃гослови́те, ѻ҆тцы̀ ст҃і́и и҆ бра́тїе, и҆ прости́те мѝ грѣ́шномꙋ, є҆ли́кѡ согрѣши́хъ въ сі́й де́нь дѣ́ломъ, сло́вомъ, помышле́нїемъ и҆ всѣ́ми мои́ми чꙋ́вствы.

Бра́тїѧ же ѿвѣща́ютъ:

Бг҃ъ да прости́тъ тѧ̀, и҆ поми́лꙋетъ, ѻ҆́тче ст҃ы́й.

И҆ творѧ́тъ поклоне́нїе, глаго́люще проще́нїе сїѐ:

Бл҃гослови́ мѧ, ѻ҆́тче ст҃ы́й, и҆ простѝ, є҆ли̑ка согрѣши́хъ въ сі́й де́нь дѣ́ломъ,

The priest says the dismissal:

May Christ our true God, through the intercessions of His most pure Mother, of our venerable and Godbearing fathers, and of all the saints, have mercy on us and save us, for He is good and the Lover of mankind.

At Compline and the Midnight Office, after the dismissal, the priest bows to the brethren, saying:

Bless, holy fathers and brethren, and forgive me a sinner all wherein I have sinned this day in deed, word, and thought, and by all my senses.

And the brethren reply:

May God forgive and have mercy on thee, holy father.

And they make a bow, asking this forgiveness:

Bless me, holy father, and forgive all wherein I have sinned this day in deed, word, and

сло́вомъ, помышле́ніемъ и҆ всѣ́ми мои́ми чꙋ́вствы, и҆ помоли́сѧ ѡ҆ мнѣ̀ грѣ́шнѣмъ.

Їере́й ѿвѣща́етъ:

Блгⷣті́ю свое́ю бг҃ъ да прости́тъ, и҆ поми́лꙋетъ всѣ́хъ на́съ.

И҆ глаго́летъ їере́й:

Помо́лимсѧ ѡ҆ вели́комъ господи́нѣ и҆ ѻ҆тцѣ̀ на́шемъ ст҃ѣ́йшемъ патрїа́рсѣ и҆́мкъ, и҆ ѡ҆ господи́нѣ на́шемъ высокопреѡсщ҃е́ннѣйшемъ митрополі́тѣ и҆́мкъ, первоїера́рсѣ рꙋ́сскїѧ зарꙋбе́жныѧ цр҃кве, и҆ ѡ҆ господи́нѣ на́шемъ высокопреѡсщ҃е́ннѣйшемъ а҆рхїеп҃кпѣ [и҆лѝ преѡсщ҃е́ннѣйшемъ е҆п҃кпѣ] и҆́мкъ, и҆ ѡ҆ все́й во хрⷭ҇тѣ̀ бра́тїи на́шей.

Ли́къ: Гдⷭ҇и, поми́лꙋй.

Ѡ҆ странѣ̀ се́й, прави́телехъ и҆ во́инствѣ є҆ѧ̀, ѡ҆ бг҃охрани́мѣй странѣ̀ рѡссі́йстѣй и҆ правосла́вныхъ лю́дехъ є҆ѧ̀ во ѻ҆те́чествїи и҆ разсѣ́ѧнїи сꙋ́щихъ и҆ ѡ҆ сп҃се́нїи и҆́хъ, и҆ ѡ҆ є҆́же гдⷭ҇ꙋ бг҃ꙋ на́шемꙋ и҆зба́вити лю́ди своѧ҄ ѿ вра́гъ ви́димыхъ и҆ неви́димыхъ.

thought, and by all my senses, and pray for me a sinner.

The priest answers:

Through His grace may God forgive and have mercy on us all.

And the priest says:

Let us pray for our great lord and father, the Most Holy Patriarch N.; for our lord the Very Most Reverend Metropolitan N., First Hierarch of the Russian Church Abroad; for our lord the Most Reverend Archbishop [or Right Reverend Bishop] N.; and for all our brethren in Christ.
Choir: Lord, have mercy.

For this land, its authorities and armed forces, for the God-preserved Russian Land and its Orthodox people both in the homeland and in the Diaspora, and for their salvation, and that the Lord our God may deliver His people from enemies visible and invisible.

Ли́къ: Гдⷭ҇и, поми́лꙋй.
Ѡ҆ ненави́дѧщихъ и҆ лю́бѧщихъ на́съ.
Ли́къ: Гдⷭ҇и, поми́лꙋй.
Ѡ҆ ми́лꙋющихъ и҆ слꙋжа́щихъ на́мъ.
Ли́къ: Гдⷭ҇и, поми́лꙋй.
Ѡ҆ заповѣ́давшихъ на́мъ недостѡ́йнымъ моли́тисѧ ѡ҆ ни́хъ.
Ли́къ: Гдⷭ҇и, поми́лꙋй.
Ѡ҆ и҆збавле́нїи плѣне́нныхъ.
Ли́къ: Гдⷭ҇и, поми́лꙋй.
Ѡ҆ ѿше́дшихъ ѻ҆тцѣ́хъ и҆ бра́тїѧхъ на́шихъ.
Ли́къ: Гдⷭ҇и, поми́лꙋй.
Ѡ҆ въ мо́ри пла́вающихъ.
Ли́къ: Гдⷭ҇и, поми́лꙋй.
Ѡ҆ въ не́мощехъ лежа́щихъ.
Ли́къ: Гдⷭ҇и, поми́лꙋй.
Помо́лимсѧ и҆ ѡ҆ и҆зоби́лїи плодѡ́въ земны́хъ.
Ли́къ: Гдⷭ҇и, поми́лꙋй.
И҆ ѡ҆ всѧ́кой дꙋшѝ хрⷭ҇тїа́нъ правосла́вныхъ.
Ли́къ: Гдⷭ҇и, поми́лꙋй.

Choir: Lord, have mercy.

For them that hate us and them that love us.

Choir: Lord, have mercy.

For them that are kind to us and them that serve us.

Choir: Lord, have mercy.

For them that have charged us unworthy ones to pray for them.

Choir: Lord, have mercy.

For the deliverance of those in captivity.

Choir: Lord, have mercy.

For our departed fathers and brethren.

Choir: Lord, have mercy.

For them that sail upon the sea.

Choir: Lord, have mercy.

For them that are bedridden in infirmities.

Choir: Lord, have mercy.

Let us pray also for the abundance of the fruits of the earth.

Choir: Lord, have mercy.

And for every Orthodox Christian soul.

Choir: Lord, have mercy.

Ѹ҆блажи́мъ бл҃гочести́выѧ царѝ.
Ли́къ: Гдⷭ҇и, поми́лꙋй.
Правосла̑вныѧ а҆рхїере́и, и҆ кти́торы ст҃ы́ѧ ѻ҆би́тели сеѧ̀.
Ли́къ: Гдⷭ҇и, поми́лꙋй.
Роди́тели на́шѧ, и҆ всѧ̑ пре́жде ѿше́дшыѧ, ѻ҆тцы̀ и҆ бра́тїю на́шꙋ, здѣ̀ лежа́щыѧ и҆ повсю́дꙋ правосла̑вныѧ.
Ли́къ: Гдⷭ҇и, поми́лꙋй.
Рце́мъ и҆ ѡ҆ себѣ̀ са́мѣхъ.
Ли́къ: Гдⷭ҇и, поми́лꙋй, три́жды.

Предстоѧ́тель:

Мл҃твъ ра́ди пречⷭ҇тыѧ твоеѧ̀ мт҃ре, прпⷣбныхъ и҆ бг҃оно́сныхъ ѻ҆те́цъ на́шихъ, и҆ всѣ́хъ ст҃ы́хъ, гдⷭ҇и і҆и҃се хрⷭ҇тѐ бж҃е на́шъ, поми́лꙋй на́съ.
Ли́къ: А҆ми́нь.

Let us bless pious kings.
Choir: Lord, have mercy.
Orthodox hierarchs, and the founders of this holy monastery.
Choir: Lord, have mercy.
Our parents, and our fathers and brethren that have departed before us, and all the Orthodox here and everywhere laid to rest.
Choir: Lord, have mercy.
Let us say also for ourselves.
Choir: Lord, have mercy. Thrice.

Priest:

Through the intercessions of Thy most pure Mother, of our venerable and God-bearing fathers, and of all the saints, O Lord Jesus Christ our God, have mercy on us.
Choir: Amen.

Въ ст҃ꙋ́ю же и҆ вели́кꙋю м҃цꙋ, вмѣ́стѡ ѿпꙋ́ста на вели́комъ повече́рїи, глаго́летсѧ ѿ і҆ере́а мл҃тва сїѧ̀:

Ꙗ҆́ко многоми́лостиве гдⷭ҇и і҆и҃се хрⷭ҇тѐ бж҃е на́шъ, мл҃твами всепречⷭ҇тыѧ на́шеѧ бцⷣы, и҆ приснодв҃ы мр҃і́и: си́лою чⷭ҇тна́гѡ и҆ животворѧ́щагѡ крⷭ҇та̀: предста́тельствы че́стныхъ небе́сныхъ си́лъ безпло́тныхъ: чⷭ҇тна́гѡ сла́внагѡ прⷪ҇ро́ка, прⷣте́чи и҆ крⷭ҇ти́телѧ і҆ѡа́нна: ст҃ы́хъ сла́вныхъ и҆ всехва́льныхъ а҆пⷭ҇лъ: ст҃ы́хъ сла́вныхъ и҆ добропобѣ́дныхъ мч҃никѡвъ, прпⷣбныхъ и҆ бг҃оно́сныхъ ѻ҆тє́цъ на́шихъ, ст҃ы́хъ и҆ првⷣныхъ бг҃оѻ҆тє́цъ і҆ѡакі́ма и҆ а҆́нны, и҆ всѣ́хъ ст҃ы́хъ твои́хъ: бл҃гопрїѧ́тнꙋ сотворѝ мл҃твꙋ на́шꙋ: да́рꙋй на́мъ ѡ҆ставле́нїе прегрѣше́нїй на́шихъ: покры́й на́съ кро́вомъ крилꙋ̀ твоє́ю: ѿженѝ ѿ на́съ вся́каго врага̀ и҆ сꙋпоста́та: ᲂу҆мирѝ на́шꙋ жи́знь, гдⷭ҇и: поми́лꙋй на́съ, и҆ мі́ръ тво́й: и҆ спасѝ дꙋ́шы на́шѧ, ꙗ҆́кѡ бл҃гъ и҆ чл҃вѣколю́бецъ.

During the holy and great Forty Days, instead of the dismissal at Great Compline, this prayer is said by the priest:

O Master plenteous in mercy, O Lord Jesus Christ our God, through the intercessions of our immaculate Lady Theotokos and Ever-Virgin Mary, through the power of the precious and life-giving Cross; through the mediations of the honorable, heavenly Bodiless Hosts; of the honorable, glorious Prophet, Forerunner and Baptist John; of the holy, glorious, and all-praised apostles; of the holy, glorious, and victorious martyrs, of the venerable and God-bearing fathers; of the holy and righteous Ancestors of God Joachim and Anna; and of all Thy saints: make our prayer acceptable; grant us the remission of our sins; shelter us with the shelter of Thy wings; drive away from us every enemy and adversary; make our life peaceful, O Lord; have mercy on us and on Thy world and save our souls, for Thou art good and the Lover of mankind.

По мл҃твѣ̀ же глаго́летъ ст҃ще́нникъ:

Бл҃гослови́те ѿ҆тцы̀ ст҃і́и: и҆ про́чаѧ по ѡ҆бы́чаю.

На полꙋно́щницѣ же воскр҃но́й по возгла́сѣ: Бж҃е, ᲂу҆ще́дри ны̀: Їере́й чте́тъ мл҃твꙋ прест҃ѣ́й тр҃цѣ, творе́нїе ма́рка мона́ха.

Всемогꙋ́щаѧ и҆ животворѧ́щаѧ ст҃а́ѧ тр҃це, и҆ свѣтонача́льнаѧ, ꙗ҆́же мі́рнꙋю всѧ́кꙋю и҆ премі́рнꙋю тва́рь, за є҆ди́нꙋ бл҃гость ѿ не сꙋ́щихъ приведы́й, и҆ промышлѧ́ѧ и҆ содержа́щи: и҆̀же по про́чихъ твои́хъ неизрече́нныхъ ѡ҆ земно́мъ ро́дѣ бл҃годѣѧ́нїихъ, и҆ покаѧ́нїе на́мъ ра́ди плотска́гѡ неможе́нїѧ до сме́рти дарова́вый, не ѡ҆ста́ви на́съ ѡ҆каѧ́нныхъ въ лꙋка́выхъ на́шихъ дѣѧ́нїихъ ᲂу҆мре́ти, нижѐ ѕлонача́льникꙋ, и҆ зави́стцꙋ, и҆ гꙋби́телю посмѣ́шство бы́ти: зри́ши бо, бл҃госе́рде, є҆ли́къ ᲂу҆бѡ ѻ҆́нагѡ на на́съ

After this prayer the priest says:

Bless, holy fathers . . . , and the rest according to the custom.

At the Sunday Midnight Office, after the exclamation: God be gracious unto us . . . , the priest reads the Prayer to the Most Holy Trinity, the composition of Mark the Monk.

O omnipotent, and life-creating, and light-bestowing Holy Trinity, Who of Thy goodness alone didst bring all natural and supernatural creation into being out of nothing, and dost provide for it and sustain it; Who, after Thine other ineffable benefits to them that are born of earth, hast also given us repentance, on account of our bodily infirmities, even until death: leave not us, the wretched ones, to die in our evil deeds, nor to become the laughing-stock of the author of evil, envier, and destroyer; for Thou seest, O Kind-hearted One, the extent of his assaults

навѣ́тъ и҆ вражда̀: є҆ли́ко же и҆ на́ше страстова́нїе, и҆ сла́бость, и҆ небреже́нїе. Но неѡскꙋ́дныѧ твоѧ̑ бл҃гости содѣ́лай на на́съ, мо́лимъ, на всѧ́кїй де́нь и҆ ча́съ прогнѣ́вающїи тѧ̀ чт҃ны́хъ и҆ животворѧ́щихъ за́повѣдей престꙋпле́нїемъ. И҆ всѧ̑ ᲂу҆́бѡ всегѡ̀ преше́дшагѡ живота̀ на́шегѡ, и҆ до нынѣ́шнѧгѡ часа̀, согрѣше́ннаѧ на́ми, въ дѣѧ́нїихъ, и҆лѝ глаго́ланїихъ, и҆лѝ въ помышле́нїихъ, ѡ҆ста́ви и҆ простѝ. Сподо́би же на́съ про́чее сконча́ти житїѐ въ покаѧ́нїи, и҆ ᲂу҆миле́нїи, и҆ соблюде́нїи ст҃ы́хъ твои́хъ повелѣ́нїй. А҆́ще ᲂу҆́бѡ сла́достїю прельсти́вшесѧ многоѡбра́знѣ согрѣши́хомъ, и҆лѝ ме́рзкими похотьмѝ неполе́зными и҆ вре́дными ѡ҆больсти́вшесѧ препроводи́хомъ: а҆́ще гнѣ́вомъ и҆ ꙗ҆́ростїю подви́гшесѧ безслове́сною, ко́его бра́та на́шего ѡ҆скорби́хомъ: а҆́ще ѧ҆зы́комъ неизбѣ́жныхъ, и҆ стро́потныхъ, и҆ крѣпкихъ сѣте́й ѡ҆бѧ́хомсѧ: а҆́ще ко́имъ

and enmity against us, and the degree of our enslavement to the passions, and weakness, and negligence. But, we pray, do Thou work Thine inexhaustible blessings upon us, who every day and hour anger Thee by transgressing the precious and life-giving commandments. And do Thou remit and pardon us all wherein we have sinned during our past life and even until the present hour, in deed, or word, or thought. Vouchsafe us to complete the remainder of our life in repentance, and contrition, and observance of Thy holy precepts. If indeed, enticed by pleasure, we have sinned in divers manners, or having been seduced by abominable desires, we have spent our time in useless and pernicious lusts; if, moved thereto by anger and irrational fury, we have offended one of our brethren; if by our tongue we have bound ourselves in inescapable, stubborn, and firm snares; if by any of our senses, or by all, voluntarily or involuntarily, knowingly or unknowingly, through

чꙋ́вствъ на́шихъ, и҆лѝ всѣ́ми, во́лею и҆лѝ нево́лею, вѣ́дꙋще и҆лѝ невѣ́дꙋще, ѿ восхище́нїѧ и҆лѝ поꙋче́нїѧ безꙋ́мнѡ попол́зохомсѧ: а҆́ще же лꙋка́выми пѡ́мыслы и҆ сꙋ́етными со́вѣсть ѡ҆скверни́хомъ: а҆́ще ли ко́имъ дрꙋги́мъ ѻ҆́бразомъ прегрѣши́хомъ, ѿ предпрїѧ́тїѧ и҆ ѻ҆бы́чаѧ то́ими ѕла́гѡ, простѝ на́мъ, и҆ ѡ҆ста́ви всѧ̑, всеще́дре, пребл҃же и҆ многомл҃тиве, и҆ да́рꙋй на́мъ про́чее бо́дрость и҆ си́лꙋ, во є҆́же твори́ти во́лю твою̀ бл҃гꙋ, и҆ бл҃гоꙋго́днꙋ и҆ соверше́ннꙋ: да нощна́гѡ и҆ мра́чнагѡ ѕла̀ свѣтови́днымъ покаѧ́нїемъ премѣ́ншесѧ и҆ ꙗ҆́кѡ во днѝ бл҃гоѻбра́знѡ ходѧ́ще, и҆ ѡ҆чи́щени ѡ҆бѣ́ѧвимсѧ чл҃вѣколю́бїю твоемꙋ̀ недосто́йнїи, воспѣва́юще тѧ̀ и҆ велича́юще во вѣ́ки. А҆ми́нь.

beguilement or persuasion, we have foolishly stumbled; if with evil and vain thoughts we have defiled our conscience; if in some other way we have sinned, overcome by evil undertaking or habit: Forgive us and remit all, O All-Compassionate One, most good and plenteous in mercy; and grant us, moreover, courage and strength that we may fulfill Thy good, and pleasing, and perfect will; that having departed the evil path of night and darkness by the light of repentance, and walking honorably as in the day, we unworthy ones may appear unto Thy love for mankind purified, praising and magnifying Thee unto the ages. Amen.

Послѣ́дованїе ᲂу҆́трени.

І҆ере́й, стоѧ̀ въ є҆пітрахи́ли пред̾ ст҃ы́мъ престо́ломъ, и҆ держа̀ пра́вою руко́ю кади́ло, начина́етъ:

Бл҃гослове́нъ бг҃ъ на́шъ всегда̀, нны҃ѣ и҆ при́снѡ и҆ во вѣ́ки вѣкѡ́въ.

И҆ кади́тъ ст҃ꙋ́ю трапе́зꙋ, же́ртвенникъ и҆ ѻ҆лта́рь, и҆ всю̀ це́рковь и҆ люде́й. Чте́цъ же, а҆́ще є҆́сть м҃ца, чте́тъ Трист҃о́е: а҆́ще же ни̑: Прїиди́те, поклони́мсѧ, три́жды. И҆ ѱалмы̀: Оу҆слы́шитъ тѧ̀ гдⷭ҇ь: и҆: Гдⷭ҇и, си́лою твое́ю: Сла́ва, и҆ ны́нѣ: Трист҃о́е. Ѻ҆́ч҃е на́шъ: чте́тъ же сїѧ̀ не ско́рѡ, кадѧ́щꙋ і҆ере́ю хра́мъ.

І҆ере́й: Ꙗ҆́кѡ твоѐ є҆́сть цр҃тво:
Чте́цъ, тропари̑: Спаси̑, гдⷭ҇и, лю́ди твоѧ̑:
Сла́ва: Вознесы́йсѧ на крⷭ҇тъ: И҆ ны́нѣ:
Предста́тельство стра́шное:

The Order of Matins

The priest, in epitrachelion, stands before the holy table, and, holding the censer in his right hand, begins:

Blessed is our God, always, now and ever, and unto the ages of ages.

And he censes the holy table, the prothesis, and the sanctuary, the whole church, and the people. The reader, if it be Great Lent, reads the Trisagion, etc. But if not, O come let us worship . . . Thrice, and the psalms: The Lord hear thee . . . (19), and: O Lord, the King shall be glad. . . (20). Glory . . . both now . . . Trisagion . . . Our Father. He reads these without hurrying, while the priest censes the temple.

Priest: For Thine is the kingdom . . .

Reader, the troparia: Save, O Lord, Thy people . . . Glory . . . O Thou Who wast lifted up willingly on the Cross . . . Both now . . . O awesome Intercession . . .

Та́же іере́й прише́дъ во ѻ҆лта́рь глаго́летъ е҆ктенїю̀ сїю̀:

Поми́луй на́съ, бж҃е, по ве́лицѣй млⷭ҇ти твое́й, мо́лимтисѧ, ѹ҆слы́ши и҆ поми́луй.
Ли́къ: Гдⷭ҇и, поми́луй, три́жды.
Є҆щѐ мо́лимсѧ ѡ҆ вели́комъ господи́нѣ и҆ ѻ҆тцѣ̀ на́шемъ ст҃ѣ́йшемъ патрїа́рсѣ и҆́мкъ, и҆ ѡ҆ господи́нѣ на́шемъ высокопреѡсщ҃е́ннѣйшемъ митрополі́тѣ и҆́мкъ, первоїера́рсѣ ру́сскїѧ зару́бежныѧ цр҃кве, и҆ ѡ҆ господи́нѣ на́шемъ высокопреѡсщ҃е́ннѣйшемъ а҆рхїепкⷭ҇пѣ [и҆лѝ преѡсщ҃е́ннѣйшемъ е҆пкⷭ҇пѣ] и҆́мкъ.
Ли́къ: Гдⷭ҇и, поми́луй, три́жды.
Є҆щѐ мо́лимсѧ за всю̀ бра́тїю и҆ за всѧ̑ хрⷭ҇тїа́ны.
Ли́къ: Гдⷭ҇и, поми́луй, три́жды.

Then the priest, having entered the sanctuary, says this litany:

Have mercy on us, O God, according to Thy great mercy, we pray Thee, hearken and have mercy.

Choir: Lord, have mercy. Thrice.

Again we pray for our great lord and father, the Most Holy Patriarch N.; for our lord, the Very Most Reverend Metropolitan N., First Hierarch of the Russian Church Abroad; and for our lord the Most Reverend Archbishop (or Right Reverend Bishop) N.

Choir: Lord, have mercy. Thrice.

Again we pray for all the brethren and for all Christians.

Choir: Lord, have mercy. Thrice.

Возгла́съ:

Ꙗ҆́кѡ млⷭ҇тивъ и҆ чл҃вѣколю́бецъ бг҃ъ є҆сѝ, и҆ тебѣ̀ сла́вꙋ возсыла́емъ, ѻ҆ц҃ꙋ̀ и҆ сн҃ꙋ и҆ ст҃о́мꙋ дх҃ꙋ, ны́нѣ и҆ при́снѡ и҆ во вѣ́ки вѣкѡ́въ.

Ли́къ: А҆ми́нь.

И҆ а҆́бїе глаго́летъ:

И҆́менемъ гдⷭ҇нимъ бл҃гословѝ, ѻ҆́тче.

І҆ере́й же возглаша́етъ:

Сла́ва ст҃ѣ́й, и҆ є҆диносꙋ́щнѣй, и҆ животворѧ́щей, и҆ нераздѣ́льнѣй тр҃цѣ, всегда̀, ны́нѣ и҆ при́снѡ и҆ во вѣ́ки вѣкѡ́въ.

Ли́къ: А҆ми́нь.

Та́же глаго́лемъ шестоѱа́лмїе со всѧ́кимъ внима́нїемъ и҆ стра́хомъ бж҃їимъ, ꙗ҆́кѡ самомꙋ̀ собесѣ́дꙋюще хрⷭ҇тꙋ̀ бг҃ꙋ на́шемꙋ неви́димѡ, и҆ молѧ́ще ѡ҆ грѣсѣ́хъ на́шихъ. По трїе́хъ же ѱалмѣ́хъ і҆ере́й глаго́летъ моли́твы ᲂу҆́треннїѧ, стоѧ́й непокрове́нъ предꙋ ст҃ы́ми две́рьми.

Exclamation:

For a merciful God art Thou, and the Lover of mankind, and unto Thee do we send up glory, to the Father, and to the Son, and to the Holy Spirit, now and ever, and unto the ages of ages.
Choir: Amen.

And immediately they say:

In the name of the Lord, father, bless.

And the priest exclaimeth:

Glory to the holy, and consubstantial, and life-creating, and indivisible Trinity, always, now and ever, and unto the ages of ages.
Choir: Amen.

Then we say the Six Psalms with all heed and fear of God, for we converse with Christ our God Himself invisibly, and pray for our sins. After [the first] three psalms the priest says the Morning Prayers, as he stands bareheaded before the holy doors.

Мл҃тва а҃.

Бл҃года́римъ тѧ̀, гдⷭ҇и бж҃е на́шъ, воз- ста́вившаго на́съ ѿ ло́жей на́шихъ и҆ вложи́вшаго во ᲂу҆ста̀ на̑ша сло́во хвале́нїѧ, є҆́же покланѧ́тисѧ и҆ призыва́ти и҆́мѧ твоѐ ст҃о́е: и҆ мо́лимсѧ твои́мъ щедро́тамъ, ꙗ҆̀же всегда̀ ᲂу҆потреблѧ́лъ є҆сѝ ѡ҆ на́шей жи́зни: и҆ ны́нѣ посли̑ по́мощь твою̀ на предстоѧ́щыѧ пред̾ лице́мъ ст҃ы́ѧ сла́вы твоеѧ̀ и҆ ѡ҆жида́ющыѧ ѿ тебє̀ бога́тыѧ млⷭ҇ти: и҆ да́ждь и҆̀мъ, со стра́хомъ и҆ любо́вїю всегда̀ тебѣ̀ слꙋжа́щымъ, хвали́ти неисповѣди́мꙋю твою̀ бл҃гость.

Ꙗ҆́кѡ подоба́етъ тебѣ̀ всѧ́каѧ сла́ва, че́сть и҆ поклоне́нїе, ѻ҆ц҃ꙋ̀ и҆ сн҃ꙋ и҆ ст҃о́мꙋ дх҃ꙋ, ны́нѣ и҆ при́снѡ и҆ во вѣ́ки вѣкѡ́въ. А҆ми́нь.

Мл҃тва в҃.

Ѿ но́щи ᲂу҆́тренюетъ дꙋ́хъ на́шъ къ тебѣ̀, бж҃е на́шъ, занѐ свѣ́тъ повелѣ́нїѧ твоѧ̀ на землѝ. Пра́вдꙋ и҆ ст҃ы́ню соверша́ти во стра́сѣ твое́мъ

First Prayer

We thank Thee, O Lord our God, Who hast raised us up from our beds, and hast put into our mouth a word of praise with which to worship and call upon Thy holy name. And we entreat Thy compassion, which Thou hast always shown concerning our life: Send out now Thy help on them that stand before the presence of Thy holy glory and await of Thee abundant mercy; and grant unto them, who always serve Thee with fear and love, to praise Thine unspeakable goodness.

For unto Thee is due all glory, honor, and worship, to the Father, and to the Son, and to the Holy Spirit, now and ever, and unto the ages of ages. Amen.

Second Prayer

Out of the night our spirit waketh at dawn unto Thee, O our God, for Thy commandments are a light upon the earth. Teach us to fulfill righteousness and holiness in Thy

вразꙋми́ ны: тебе́ бо сла́вимъ, воистиннꙋ сꙋ́щаго бг҃а на́шего. Приклони̇̀ оу҆́хо твоѐ и҆ оу҆слы́ши ны, и҆ помѧни̇̀, гд҇и, сꙋ́щыѧ и҆ молѧ́щыѧсѧ съ на́ми всѧ̑ по и҆́мени, и҆ спаси̇̀ ѧ҆̀ си́лою твое́ю. Бл҃гослови̇̀ лю́ди твоѧ̑ и҆ ѡ҆ст҃и̇̀ достоѧ́нїе твоѐ. Ми́ръ мі́рови твоемꙋ̀ да́рꙋй, це́рквамъ твои̇́мъ, сщ҃е́нникѡмъ и҆ всѣ̑мъ лю́демъ твои̇́мъ.

Ꙗ҆́кѡ бл҃гослови́сѧ и҆ просла́висѧ всечⷭ҇тно́е и҆ великолѣ́пое и҆́мѧ твоѐ, ѻ҆ц҃а̀ и҆ сн҃а и҆ ст҃а́гѡ дх҃а, ны́нѣ и҆ при́снѡ и҆ во вѣ́ки вѣкѡ́въ. А҆ми́нь.

Мл҃тва г҃.

Ѿ но́щи оу҆́тренюетъ дꙋ́хъ на́шъ къ тебѣ̀, бж҃е, занѐ свѣ́тъ повелѣ̑нїѧ твоѧ̑. Наꙋчи̇̀ на́съ, бж҃е, пра́вдѣ твое́й, за́повѣдемъ твои̇́мъ и҆ ѡ҆правда́нїемъ твои̇́мъ, просвѣти̇̀ ѻ҆́чи мы́слей на́шихъ, да не когда̀ оу҆́снемъ во грѣсѣ́хъ въ сме́рть. Ѿжени̇̀ всѧ́кїй мра́къ ѿ серде́цъ на́шихъ. Да́рꙋй на́мъ сл҃нце пра́вды, и҆ ненавѣ́тнꙋ жи́знь на́шꙋ соблюди̇̀ печа́тїю ст҃а́гѡ

fear; for we glorify Thee, our God, Who dost truly exist. Incline Thine ear, and hearken unto us, and remember by name, O Lord, all that are with us and pray with us, and save them by Thy might. Bless Thy people and sanctify Thine inheritance. Give peace to Thy world, to Thy churches, to the priests, and to all Thy people.

For blessed and glorified is Thine all-honorable and majestic name, of the Father, and of the Son, and of the Holy Spirit, now and ever, and unto the ages of ages. Amen.

Third Prayer

Out of the night our spirit waketh at dawn unto Thee, O God, for Thy commandments are a light. Teach us, O God, by Thy righteousness, Thy commandments, and Thy statutes; enlighten the eyes of our mind, lest at any time we sleep unto death in sins. Dispel all darkness from our hearts. Grant unto us the Sun of Righteousness, and keep our life unassailed, by the seal of Thy Holy Spirit. Guide

твоегѡ̀ дх҃а. И҆спра́ви стопы̑ на́шѧ на пꙋ́ть ми́ра. Да́ждь на́мъ ви́дѣти ѹ҆́тро и҆ де́нь въ ра́дованїи, да тебѣ̀ ѹ҆́треннїѧ возсыла́емъ моли̑твы.

Ꙗ҆́кѡ твоѧ̀ держа́ва, и҆ твоѐ є҆́сть ца́рство, и҆ си́ла, и҆ сла́ва, ѻ҆ц҃а̀ и҆ сн҃а и҆ ст҃а́гѡ дх҃а, ны́нѣ и҆ при́снѡ и҆ во вѣ́ки вѣкѡ́въ. А҆ми́нь.

Мл҃тва д҃.

Ꙗ҆́кѡ бж҃е, ст҃ы́й и҆ непостижи́мый, ре́кїй и҆з̾ тмы̀ свѣ́тꙋ возсїѧ́ти, ѹ҆поко́ивый на́съ въ но́щнѣмъ снѣ̀, и҆ возста́вивый ко славосло́вїю и҆ мольбѣ̀ твоеѧ̀ бл҃гости, ѹ҆молѧ́емь ѿ своегѡ̀ ти̑ бл҃гоꙋ҆тро́бїѧ, прїимѝ на́съ и҆ ны́нѣ покла́нѧющихсѧ тебѣ̀ и҆ по си́лѣ бл҃годарѧ́щихъ тѧ̀, и҆ да́рꙋй на́мъ всѧ̑ ꙗ҆̀же ко сп҃се́нїю проше́нїѧ. Пока́жи ны сы́ны свѣ́та и҆ днѐ и҆ наслѣ́дники вѣ́чныхъ твои́хъ бла̑гъ. Помѧнѝ, гд҃и, во мно́жествѣ щедро́тъ твои́хъ, и҆ всѧ̑ лю́ди твоѧ̑, сꙋ́щыѧ и҆ молѧ́щыѧсѧ съ на́ми, и҆ всю̀ бра́тїю на́шꙋ,

our steps on the way of peace. Grant us to behold the dawn and the day in rejoicing, that we may send up morning prayers unto Thee.

For Thine is the dominion, and Thine is the kingdom, and the power, and the glory, of the Father, and of the Son, and of the Holy Spirit, now and ever, and unto the ages of ages. Amen.

Fourth Prayer

O Master God, holy and incomprehensible, Who didst command the light to shine forth from the darkness, Who hast refreshed us by the slumber of the night, and hast raised us up to the glorification and supplication of Thy goodness: We entreat Thee, in Thy mercy accept us even now bowing down in worship to Thee and giving thanks unto Thee according to the measure of our strength, and grant us all our requests which are unto salvation. Show us to be sons of the light and of the day, and heirs of Thine eternal good things. Remember also O Lord, in the

ꙗ҆̀же на землѝ, на мо́ри, на всѧ́комъ мѣ́стѣ влⷣчествїѧ твоегѡ̀, тре́бующихъ твоегѡ̀ чл҃вѣколю́бїѧ и҆ по́мощи, и҆ всѣ́мъ пода́й вели́кую твою̀ млⷭ҇ть: да спасе́ни ду́шею же и҆ тѣ́ломъ всегда̀ пребыва́юще, со дерзнове́нїемъ сла́вимъ чу́дное и҆ бл҃гослове́нное и҆́мѧ твоѐ.

Ꙗ҆́кѡ бг҃ъ млⷭ҇ти, щедро́тъ и҆ чл҃вѣколю́бїѧ є҆сѝ, и҆ тебѣ̀ сла́ву возсыла́емъ, ѻ҆ц҃ꙋ̀ и҆ сн҃у и҆ ст҃о́му дх҃у, ны́нѣ и҆ при́снѡ и҆ во вѣ́ки вѣкѡ́въ. А҆ми́нь.

Млⷭ҇тва є҃.

Бл҃ги́хъ сокро́вище, и҆сто́чниче приснотеку́щїй, ѻ҆́ч҃е ст҃ы́й чудотво́рче, всеси́льне и҆ вседержи́телю, всѝ тебѣ̀ покланѧ́емсѧ и҆ тебѣ̀ мо́лимсѧ, твоѧ̑ ми́лѡсти и҆ твоѧ̑ щедрѡ́ты призыва́юще на по́мощь и҆ заступле́нїе на́шегѡ смире́нїѧ: помѧнѝ, гдⷭ҇и, твоѧ̑ рабы̑: прїимѝ всѣ́хъ на́съ ᲂу҆́треннѧѧ моле́нїѧ,

multitude of Thy compassions, all Thy people that are with us and pray with us, and all our brethren, on land, on the sea, in every place of Thy dominion, who are in need of Thy love for mankind and of Thy help, and grant unto all Thy great mercy; that always remaining saved in soul and body, with boldness we may glorify Thy wondrous and blessed name.

For Thou art a God of mercy, compassion, and love for mankind, and unto Thee do we send up glory, to the Father, and to the Son, and to the Holy Spirit, now and ever, and unto the ages of ages. Amen.

Fifth Prayer

O Treasury of good things, ever-flowing Fountain, Holy Father, Wonderworker, Omnipotent and Almighty One, we all worship Thee and pray unto Thee, calling upon Thy mercy and compassion for the help and defence of our lowliness. Remember Thy servants, O Lord; accept the morning supplica-

ꙗ҆́кѡ кади́ло пре́дъ тобо́ю, и҆ да ни є҆ди́нагѡ ѿ на́съ неискꙋ́сна сотвори́ши, но всѧ̑ ны̀ снабдѝ щедро́тами твои́ми. Помѧнѝ, гдⷭ҇и, бдѧ́щыѧ и҆ пою́щыѧ во сла́вꙋ твою̀, и҆ є҆диноро́днагѡ твоегѡ̀ сн҃а и҆ бг҃а на́шегѡ, и҆ ст҃а́гѡ твоегѡ̀ дх҃а: бꙋ́ди тѣ̑мъ помо́щникъ и҆ застꙋ́пникъ, прїимѝ и҆́хъ мольбы̀ въ пренбⷭ҇ный и҆ мы́сленный тво́й же́ртвенникъ.

Ꙗ҆́кѡ ты̀ є҆сѝ бг҃ъ на́шъ, и҆ тебѣ̀ сла́вꙋ возсыла́емъ, ѻ҆ц҃ꙋ̀ и҆ сн҃ꙋ̀ и҆ ст҃о́мꙋ дх҃ꙋ, нн҃ѣ и҆ при́снѡ и҆ во вѣ́ки вѣкѡ́въ. А҆ми́нь.

Мл҃тва ѕ҃.

Бл҃годари́мъ тѧ̀, гдⷭ҇и бж҃е сп҃се́нїй на́шихъ, ꙗ҆́кѡ всѧ̑ твори́ши во бл҃годѣ́тельство жи́зни на́шеѧ, да всегда̀ къ тебѣ̀ взира́емъ сп҃сꙋ̀ и҆ бл҃годѣ́телю дꙋ́шъ на́шихъ: ꙗ҆́кѡ препоко́илъ є҆сѝ на́съ въ мимоше́дшее но́щи число̀, и҆ воздви́глъ є҆сѝ ны̀ ѿ ло́жъ на́шихъ, и҆ поста́вилъ

tions of us all as incense before Thee, and let none of us prove to be reprobate, but provide us all with Thy compassions. Remember, O Lord, those that keep watch and chant to Thy glory, and to that of Thine Only-begotten Son and our God, and of Thy Holy Spirit: be Thou their helper and defender. Accept their petitions at Thy noetic altar above the heavens.

For Thou art our God and unto Thee do we send up glory, to the Father, and to the Son, and to the Holy Spirit, now and ever, and unto the ages of ages. Amen.

Sixth Prayer

We give thanks unto Thee, O Lord God of our salvation, for Thou doest all things for the benefit of our life, that we may ever look unto Thee, the Saviour and Benefactor of our souls; for Thou hast given us rest in the part of the night that is past, and hast raised us up from our beds, and hast set us in the worship of Thy venerable name. There-

є҆сѝ въ поклоне́нїе чⷭ҇тна́гѡ и҆́мене твоегѡ̀. Тѣ́мже мо́лимъ тѧ̀, гдⷭ҇и, да́ждь на́мъ бл҃года́ть и҆ си́лꙋ, да сподо́бимсѧ пѣ́ти тебѣ̀ разꙋ́мнѡ, и҆ моли́тисѧ непреста́ннѡ, во стра́сѣ и҆ тре́петѣ своѐ сп҃се́нїе содѣ́ловающе застꙋпле́нїемъ хрⷭ҇та̀ твоегѡ̀: помѧнѝ, гдⷭ҇и, и҆ въ нощѝ къ тебѣ̀ вопїю́щыѧ, ᲂу҆слы́ши ѧ҆̀ и҆ поми́лꙋй, и҆ сокрꙋшѝ под̾ но́зѣ и҆́хъ неви̑димыѧ и҆ бори́тєльныѧ враги̑.

Ты́ бо є҆сѝ цр҃ь ми́ра и҆ сп҃съ дꙋ́шъ на́шихъ, и҆ тебѣ̀ сла́вꙋ возсыла́емъ, ѻ҆ц҃ꙋ̀ и҆ сн҃ꙋ и҆ ст҃о́мꙋ дх҃ꙋ, ны́нѣ и҆ при́снѡ и҆ во вѣ́ки вѣкѡ́въ. А҆ми́нь.

Мл҃тва з҃.

Бж҃е и҆ ѻ҆́ч҃е гдⷭ҇а на́шегѡ і҆и҃са хрⷭ҇та̀, возста́вивый ны̀ ѿ ло́жей на́шихъ и҆ собра́вый ны̀ въ ча́съ мл҃твы, да́ждь на́мъ бл҃года́ть во ѿверзе́нїе ᲂу҆́стъ на́шихъ, и҆ прїимѝ на̑ша по си́лѣ бл҃годаре́нїѧ, и҆ наꙋчѝ ны̀ ѡ҆правда́нїємъ твои̑мъ:

fore, we pray Thee, O Lord, grant us grace and strength, that we may be vouchsafed to hymn Thee with understanding, and to pray without ceasing, working out our salvation in fear and trembling, through the help of Thy Christ. Remember also, O Lord, them that cry aloud unto Thee by night; hearken unto them and have mercy, and crush under their feet invisible and warring enemies.

For Thou art the King of peace and the Saviour of our souls, and unto Thee do we send up glory, to the Father, and to the Son, and to the Holy Spirit, now and ever, and unto the ages of ages. Amen.

Seventh Prayer

O God and Father of our Lord Jesus Christ, Who hast raised us up from our beds and gathered us together at the hour of prayer, grant us grace in the opening of our mouth, and accept our thanksgivings according to our strength, and instruct us by Thy

занѐ помоли́тисѧ, ꙗ҆́коже подоба́етъ не вѣ́мы, а҆́ще не ты̀, гдⷭ҇и, ст҃ы́мъ твои́мъ дх҃омъ наста́виши ны̀. Тѣ́мже мо́лимсѧ тебѣ̀: а҆́ще что̀ согрѣши́хомъ да́же до настоѧ́щагѡ часа̀, сло́вомъ, и҆лѝ дѣ́ломъ, и҆лѝ помышле́нїемъ, во́лею, и҆лѝ нево́лею, ѡ҆сла́би, ѡ҆ста́ви, простѝ: а҆́ще бо беззако́нїѧ на́зриши гдⷭ҇и, гдⷭ҇и, кто̀ постои́тъ; ꙗ҆́кѡ ᲂу҆ тебє̀ и҆збавле́нїе є҆́сть: ты̀ є҆сѝ є҆ди́нъ ст҃ы́й, помо́щникъ держа́вный, защи́титель жи́зни на́шеѧ, и҆ ѡ҆ тебѣ̀ пѣ́нїе на́ше всегда̀.

Бꙋ́ди держа́ва црⷭ҇твїѧ твоегѡ̀ бл҃гослове́на и препросла́влена, ѻ҆ц҃а̀ и҆ сн҃а и҆ ст҃а́гѡ дх҃а, ны́нѣ и҆ при́снѡ и҆ во вѣ́ки вѣкѡ́въ. А҆ми́нь.

Мл҃тва и҃.

Гдⷭ҇и бж҃е на́шъ, со́нное ᲂу҆ны́нїе ѿгна́вый ѿ на́съ и҆ сопризва́вый ны̀ зва́нїемъ ст҃ы́мъ, є҆́же и҆ въ нощѝ воздѣва́ти рꙋ́ки на́шѧ и҆ и҆сповѣ́датисѧ тебѣ̀ ѡ҆ сꙋдьба́хъ

statutes. For we know not how to pray as we ought, unless Thou, O Lord, dost guide us by Thy Holy Spirit. Wherefore we pray Thee: If we have sinned even until the present hour, in word, or deed, or thought, voluntarily or involuntarily: loose, remit, and pardon; for if Thou shouldest mark iniquities, O Lord, O Lord, who shall stand? For with Thee there is redemption; Thou alone art holy, a mighty Helper, the Defender of our life, and our song is continually of Thee.

Blessed and most glorified be the dominion of Thy kingdom, of the Father, and of the Son, and of the Holy Spirit, now and ever, and unto the ages of ages. Amen.

Eighth Prayer

O Lord our God, Who hast banished from us the despondency of slumber, and hast called us together by a holy bidding, that we may lift up our hands in the night and give thanks unto Thee for the judgments of Thy

пра́вды твоеѧ̀, прїимѝ мольбы̑ на́шѧ, моле́нїѧ, и҆сповѣ́данїѧ, нощны̑ѧ слꙋ̑жбы: и҆ да́рꙋй на́мъ, бж҃е, вѣ́рꙋ непосты́днꙋ, наде́ждꙋ и҆звѣ́стнꙋ, любо́вь нелицемѣ́рнꙋ: бл҃гословѝ на́шѧ вхо́ды и҆ и҆схо́ды, дѣѧ̑нїѧ, дѣла̀, словеса̀, помышле́нїѧ: и҆ да́ждь на́мъ пости́гнꙋти въ нача́ло днѐ, хвалѧ́щымъ, пою́щымъ, бл҃гословѧ̑щымъ твоеѧ̀ неизрече́нныѧ бл҃госты́ни бл҃гость.

Ꙗ҆́кѡ бл҃гослови́сѧ всест҃о́е и҆́мѧ твоѐ, и҆ просла́висѧ цр҃ство твоѐ, ѻ҆ц҃а̀ и҆ сн҃а и҆ ст҃а́гѡ дх҃а, ны́нѣ и҆ при́снѡ и҆ во вѣ́ки вѣкѡ́въ. А҆ми́нь.

Мл҃тва д҃.

Возсїѧ́й въ сердца́хъ на́шихъ, чл҃вѣколю́бче вл҃ко, твоегѡ̀ бг҃орazꙋ́мїѧ нетлѣ́нный свѣ́тъ, и҆ мы́сленныѧ на̑ша ѻ҆ве́рзи ѻ҆́чи во є҆ѵⷢ҇льскихъ твои́хъ проповѣ́данїй разꙋмѣ́нїе: вложѝ въ на́съ и҆ стра́хъ бл҃же́нныхъ твои́хъ за́повѣдей, да пло́тскїѧ по́хѡти всѧ̑ попра́вше,

righteousness: Accept our prayers, supplications, thanksgivings, and night worship; and grant unto us, O God, faith unashamed, hope unwavering, love unfeigned; bless our comings in and goings out, our deeds, works, words, and thoughts; and grant unto us to meet the beginning of the day praising, hymning, and blessing the goodness of Thine unutterable beneficence.

For blessed is Thine all-holy name, and glorified is Thy kingdom, of the Father, and of the Son, and of the Holy Spirit, now and ever, and unto the ages of ages. Amen.

Ninth Prayer

Shine forth in our hearts the incorruptible light of Thy divine knowledge, O Master, Lover of mankind, and open the eyes of our mind to the understanding of the preaching of Thy Gospel; instill in us also fear of Thy blessed commandments, that, trampling down all carnal desires, we may pursue a spiritual way of

дꙋхо́вное жи́тельство про́йдемъ, всѧ̑, ꙗ҆̀же къ бл҃гоᲂу҆гожде́нїю твоемꙋ̀, и҆ мꙋ́дрствꙋюще и҆ дѣ́юще.

Ты́ бо є҆сѝ ѡ҆сщ҃е́нїе и҆ просвѣще́нїе дꙋ́шъ и҆ тѣле́съ на́шихъ, хрⷭ҇тѐ бж҃е, и҆ тебѣ̀ сла́вꙋ возсыла́емъ, со безнача́льнымъ твои́мъ ѻ҆ц҃е́мъ, и҆ всест҃ы́мъ и҆ бл҃ги́мъ и҆ животворѧ́щимъ твои́мъ дх҃омъ, нн҃ѣ и҆ при́снѡ и҆ во вѣ́ки вѣкѡ́въ. А҆ми́нь.

Мл҃тва і҃.

Гдⷭ҇и бж҃е на́шъ, покаѧ́нїемъ ѡ҆ставле́нїе чл҃вѣ́кѡмъ дарова́вый, и҆ во ѻ҆́бразъ на́мъ позна́нїѧ грѣхѡ́въ и҆ и҆сповѣ́данїѧ, прⷪ҇ро́ка дв҃да покаѧ́нїе къ проще́нїю показа́вый: са́мъ, вл҃ко, во мнѡ́гаѧ ны̑ и҆ вели̑каѧ па́дшыѧ согрѣше́нїѧ, поми́лꙋй по вели́цѣй мл҃ти твое́й, и҆ по мно́жествꙋ щедро́тъ твои́хъ ѡ҆чи́сти беззакѡ́нїѧ на̑ша: ꙗ҆́кѡ тебѣ̀ согрѣши́хомъ, гдⷭ҇и, и҆ безвѣ̑стнаѧ и҆ та̑йнаѧ се́рдца чл҃вѣ́ческагѡ вѣ́дꙋщемꙋ, и҆ є҆ди́номꙋ и҆мꙋ́щемꙋ вла́сть

life, both contemplating and doing all that is well-pleasing unto Thee.

For Thou art the sanctification and the enlightenment of our souls and bodies, O Christ God, and unto Thee do we send up glory, together with Thine unoriginate Father, and Thine all-holy and good, and life-creating Spirit, now and ever, and unto the ages of ages. Amen.

Tenth Prayer

O Lord our God, Who hast granted unto man forgiveness through repentance, and hast shown us the repentance of the Prophet David, as an example of the acknowledgment and confession of sins that leadeth to forgiveness: Do Thou Thyself, O Master, have mercy on us , who have fallen into many and great sins, according to Thy great mercy, and according to the multitude of Thy compassions blot out our transgressions; for against Thee have we sinned, O Lord, Who knowest

ѡ҆ставлѧ́ти грѣхѝ: се́рдце же чи́сто созда́въ въ на́съ, и҆ дх҃омъ влⷣчнимъ ᲂу҆тверди́въ на́съ, и҆ ра́дость сп҃се́нїѧ твоегѡ̀ сказа́въ на́мъ, не ѿри́ни на́съ ѿ лица̀ твоегѡ̀: но бл҃говолѝ ꙗ҆́кѡ бл҃гъ и҆ чл҃вѣколю́бецъ, да́же до послѣ́днѧгѡ на́шегѡ и҆здыха́нїѧ, приноси́ти тебѣ̀ же́ртвꙋ пра́вды и҆ возноше́нїе во ст҃ы́хъ твои́хъ же́ртвенницѣхъ.

Млⷭ҇тїю и҆ щедро́тами и҆ чл҃вѣколю́бїемъ є҆диноро́днагѡ твоегѡ̀ сн҃а, съ ни́мъ же бл҃гослове́нъ є҆сѝ, со всест҃ы́мъ и҆ бл҃ги́мъ и҆ животворѧ́щимъ твои́мъ дх҃омъ, нынѣ и҆ при́снѡ и҆ во вѣ́ки вѣкѡ́въ. А҆ми́нь.

Мл҃тва а҃і.

Бж҃е, бж҃е на́шъ, ᲂу҆́мныѧ и҆ слове́сныѧ соста́вивый си́лы твое́ю во́лею, тѧ̀ мо́лимъ и҆ тебѣ̀ ми́ли дѣ́емсѧ: прїимѝ на́ше по си́лѣ славосло́вїе, со всѣ́ми созда̑нїи твои́ми, и҆ бога́тыми твоеѧ̀

the hidden and secret things of the heart of man, and Who alone hast authority to remit sins; having created in us a clean heart, and having established us with Thy governing spirit, and having made known unto us the joy of Thy salvation, cast us not away from Thy presence; but be well-pleased, as Thou art good and the Lover of mankind, to allow us even until our last breath to offer unto Thee a sacrifice of righteousness and oblation upon Thine holy altar.

Through the mercy and compassions and love for mankind of Thine Only-begotten Son, with Whom Thou art blessed, together with Thine all-holy and good and life-creating Spirit, now and ever, and unto the ages of ages. Amen.

Eleventh Prayer

O God, our God, Who by Thy will hast brought into being the intelligent and rational hosts, we pray Thee and entreat Thee:

бл҃гости воздаждь дарова́ньми: ꙗ҆́кѡ тебѣ̀ преклонѧ́етсѧ всѧ́кое колѣ́но, нбⷭ҇ныхъ, и҆ земны́хъ, и҆ преиспо́днихъ: и҆ всѧ́кое дыха́нїе и҆ созда́нїе пое́тъ непостижи́мꙋю твою̀ сла́вꙋ: є҆ди́нъ бо є҆сѝ бг҃ъ и҆́стинный и҆ многомлⷭ҇тивый.

Ꙗ҆́кѡ тѧ̀ хва́лѧтъ всѧ̑ си́лы небе́сныѧ, и҆ тебѣ̀ сла́вꙋ возсыла́емъ, ѻ҆ц҃ꙋ̀ и҆ сн҃ꙋ и҆ ст҃о́мꙋ дх҃ꙋ, ны́нѣ и҆ при́снѡ и҆ во вѣ́ки вѣкѡ́въ. А҆ми́нь.

Мл҃тва в҃і.

Хва́лимъ, пое́мъ, бл҃гослови́мъ и҆ бл҃годари́мъ тѧ̀, бж҃е ѻ҆тє́цъ на́шихъ, ꙗ҆́кѡ преве́лъ є҆сѝ сѣ́нь но́щнꙋю и҆ показа́лъ є҆сѝ на́мъ па́ки свѣ́тъ дне́вный. Но мо́лимъ твою̀ бл҃гость: ѡ҆чи́сти грѣхѝ на́шѧ и҆ прїимѝ моле́нїе на́ше, вели́кимъ твои́мъ бл҃гоутро́бїемъ, ꙗ҆́кѡ къ тебѣ̀ прибѣга́емъ млⷭ҇тивомꙋ и҆ всеси́льномꙋ бг҃ꙋ: возсїѧ́й въ сердца́хъ на́шихъ и҆́стинное сл҃нце

Accept our doxology which, together with all Thy creatures, we offer according to our strength, and reward us with the abundant gifts of Thy goodness; for unto Thee every knee doth bow, of things in heaven, and things in earth, and things under the earth, and every breath and creature hymneth Thine inscrutable glory; for Thou alone art the true God who art plenteous in mercy.

For all the hosts of heaven praise Thee, and unto Thee do we send up glory, to the Father, and to the Son, and to the Holy Spirit, now and ever, and unto the ages of ages. Amen.

Twelfth Prayer

We praise Thee, we hymn Thee, we bless Thee, we give thanks unto Thee, O God of our fathers, for Thou hast brought us through the shadow of night and hast showed unto us again the light of day. But we pray to Thy goodness: Blot out our sins and accept our supplication in Thy great lovingkindness, for we flee unto Thee, the merciful and

пра́вды твоеѧ̀, просвѣтѝ ᲂу҆́мъ на́шъ и҆ чᲂу́вства всѧ̑ соблюдѝ, да ꙗ҆́кѡ во днѝ бл҃гоѡбра́знѡ ходѧ́ще пᲂуте́мъ за́повѣдей твои́хъ, дости́гнемъ въ жи́знь вѣ́чнᲂую: ꙗ҆́кѡ ᲂу҆ тебѐ є҆́сть и҆сто́чникъ жи́зни: и҆ въ наслажде́нїи бы́ти сподо́бимсѧ непристᲂ́пнагѡ твоегѡ̀ свѣ́та.

Ꙗ҆́кѡ ты̀ є҆сѝ бг҃ъ на́шъ, и҆ тебѣ̀ сла́вᲂу возсыла́емъ, ѻ҆ц҃ᲂу̀ и҆ сн҃ᲂу и҆ ст҃о́мᲂу дх҃ᲂу, нн҃ѣ и҆ при́снѡ и҆ во вѣ́ки вѣкѡ́въ. А҆ми́нь.

Та́же і҆ере́й, и҆лѝ дїа́конъ, глаго́летъ вели́кᲂую є҆ктенїю̀:

Ми́ромъ гдⷭ҇ᲂу помо́лимсѧ.

Ли́къ: Гдⷭ҇и, поми́лᲂуй.

Ѿ свы́шнѧгѡ ми́рѣ, и҆ сп҃се́нїи дᲂу́шъ на́шихъ, гдⷭ҇ᲂу помо́лимсѧ.

Ли́къ: Гдⷭ҇и, поми́лᲂуй.

omnipotent God. Shine forth in our hearts the true Sun of Thy righteousness, enlighten our mind and guard all our senses, that walking uprightly in the way of Thy commandments as in the day, we may attain unto life eternal, for in Thee is the fountain of life, and may be vouchsafed the enjoyment of Thine unapproachable light.

For Thou art our God, and unto Thee do we send up glory, to the Father, and to the Son, and to the Holy Spirit, now and ever, and unto the ages of ages. Amen.

Then the priest, or the deacon, says the Great Litany.

In peace let us pray to the Lord.
Choir: Lord, have mercy.
For the peace from above, and the salvation of our souls, let us pray to the Lord.
Choir: Lord, have mercy.

Ѽ ми́рѣ всегѡ̀ мі́ра, бл҃госто́ѧнїи ст҃ы́хъ бж҃їихъ цр҃кве́й, и҆ соедине́нїи всѣ́хъ, гдⷭ҇ꙋ помо́лимсѧ.

Ли́къ: Гдⷭ҇и, поми́лꙋй.

Ѽ ст҃ѣ́мъ хра́мѣ се́мъ, и҆ съ вѣ́рою, бл҃гоговѣ́нїемъ и҆ стра́хомъ бж҃їимъ входѧ́щихъ въ ѻ҆́нь, гдⷭ҇ꙋ помо́лимсѧ.

Ли́къ: Гдⷭ҇и, поми́лꙋй.

Ѽ вели́комъ господи́нѣ и҆ ѻ҆тцѣ̀ на́шемъ ст҃ѣ́йшемъ патрїа́рсѣ и҆́мкъ, и҆ ѡ҆ господи́нѣ на́шемъ высокопреѡсщ҃е́ннѣйшемъ митрополі́тѣ и҆́мкъ, первоїера́рсѣ рꙋ́сскїѧ зарꙋбе́жныѧ цр҃кве, и҆ ѡ҆ господи́нѣ на́шемъ высокопреѡсщ҃е́ннѣйшемъ а҆рхїеп҃кпѣ [и҆лѝ преѡсщ҃е́ннѣйшемъ є҆п҃кпѣ] и҆́мкъ, че́стнѣмъ пресвѵ́терствѣ, во хрⷭ҇тѣ̀ дїа́констѣ, ѡ҆ все́мъ при́чтѣ и҆ лю́дехъ, гдⷭ҇ꙋ помо́лимсѧ.

Ли́къ: Гдⷭ҇и, поми́лꙋй.

Ѽ странѣ̀ се́й, власте́хъ и҆ во́инствѣ є҆ѧ̀, и҆ ѡ҆ всѣ́хъ вѣ́рою и҆ бл҃гочє́стїемъ живꙋ́щихъ въ не́й, гдⷭ҇ꙋ помо́лимсѧ.

Ли́къ: Гдⷭ҇и, поми́лꙋй.

For the peace of the whole world, the good estate of the holy churches of God, and the union of all, let us pray to the Lord.
Choir: Lord, have mercy.
For this holy temple, and for them that with faith, reverence, and the fear of God enter herein, let us pray to the Lord.
Choir: Lord, have mercy.
For our great lord and father, the Most Holy Patriarch N.; for our lord, the Very Most Reverend Metropolitan N., First Hierarch of the Russian Church Abroad; for our lord, the Most Reverend Archbishop [or Right Reverend Bishop] N.; for the honorable priesthood, the diaconate in Christ, for all the clergy and people, let us pray to the Lord.
Choir: Lord, have mercy.
For this land, its authorities and armed forces, and all who with faith and piety dwell therein, let us pray to the Lord.
Choir: Lord, have mercy.

Ѡ҆ бг҃охрани́мѣй странѣ̀ россі́йстѣй и҆ ѡ҆ правосла́вныхъ лю́дехъ є҆ѧ̀ во ѻ҆те́чествіи и҆ разсѣ́ѧніи сѹ́щихъ, и҆ ѡ҆ сп҃се́ніи и҆́хъ, гд҇ꙋ помо́лимсѧ.

Ли́къ: Гдⷭ҇и, поми́лꙋй.

Ѡ҆ є҆́же и҆зба́вити лю́ди своѧ̑ ѿ вра̑гъ ви́димыхъ и҆ неви́димыхъ, въ на́съ же ᲂу҆тверди́ти є҆диномы́сліе, братолю́біе и҆ бл҃гоче́стїе, гд҇ꙋ помо́лимсѧ.

Ли́къ: Гдⷭ҇и, поми́лꙋй.

Ѡ҆ гра́дѣ се́мъ [и҆лѝ ѡ҆ ве́си се́й, и҆лѝ ѡ҆ ст҃ѣ́й ѻ҆би́тели се́й], всѧ́комъ гра́дѣ, странѣ̀ и҆ вѣ́рою живꙋ́щихъ въ ни́хъ, гд҇ꙋ помо́лимсѧ.

Ли́къ: Гдⷭ҇и, поми́лꙋй.

Ѡ҆ бл҃гораствоое́ніи воздꙋ́хѡвъ, ѡ҆ и҆зоби́лїи плодѡ́въ земны́хъ и҆ вре́менѣхъ ми́рныхъ, гд҇ꙋ помо́лимсѧ.

Ли́къ: Гдⷭ҇и, поми́лꙋй.

Ѡ҆ пла́вающихъ, пꙋтеше́ствꙋющихъ, недꙋ́гꙋющихъ, стра́ждꙋщихъ, плѣне́нныхъ и҆ ѡ҆ сп҃се́ніи и҆́хъ, гд҇ꙋ помо́лимсѧ.

Ли́къ: Гдⷭ҇и, поми́лꙋй.

For the God-preserved Russian land and its Orthodox people both in the homeland and in the diaspora, and for their salvation, let us pray to the Lord.

Choir: Lord, have mercy.

That He may deliver His people from enemies visible and invisible, and confirm in us oneness of mind, brotherly love, and piety, let us pray to the Lord.

Choir: Lord, have mercy.

For this city [or village, or holy monastery], for every city and country, and the faithful that dwell therein, let us pray to the Lord.

Choir: Lord, have mercy.

For seasonable weather, abundance of the fruits of the earth, and peaceful times, let us pray to the Lord.

Choir: Lord, have mercy.

For travelers by sea, land and air, for the sick, the suffering, the captives, and for their salvation, let us pray to the Lord.

Choir: Lord, have mercy.

Ѽ и҆зба́витисѧ на́мъ ѿ всѧ́кїѧ ско́рби, гнѣ́ва и҆ ну́жды, гдⷭ҇ꙋ помо́лимсѧ.

Ли́къ: Гдⷭ҇и, поми́лꙋй.

Заступѝ, спасѝ, поми́лꙋй и҆ сохранѝ на́съ, бж҃е, твое́ю блгⷣтїю.

Ли́къ: Гдⷭ҇и, поми́лꙋй.

Прест҃ꙋ́ю, пречⷭ҇тꙋ́ю, преблгⷭ҇ове́ннꙋю, сла́внꙋю вл҃чцꙋ̀ на́шꙋ бцⷣꙋ и҆ приснодв҃ꙋ мр҃і́ю, со всѣ́ми ст҃ы́ми помѧ́нꙋвше, са́ми себѐ и҆ дрꙋ́гъ дрꙋ́га, и҆ ве́сь живо́тъ на́шъ хрⷭ҇тꙋ̀ бг҃ꙋ предади́мъ.

Ли́къ: Тебѣ̀, гдⷭ҇и.

Возглаше́нїе:

Ꙗ҆́кѡ подоба́етъ тебѣ̀ всѧ́каѧ сла́ва, че́сть и҆ поклоне́нїе, ѻ҆ц҃ꙋ̀ и҆ сн҃ꙋ, и҆ ст҃о́мꙋ дх҃ꙋ, ны́нѣ и҆ при́снѡ, и҆ во вѣ́ки вѣкѡ́въ.

Ли́къ: А҆ми́нь.

That we may be delivered from all tribulation, wrath, and necessity, let us pray to the Lord.

Choir: Lord, have mercy.

Help us, save us, have mercy on us, and keep us, O God, by Thy grace.

Choir: Lord, have mercy.

Calling to remembrance our most holy, most pure, most blessed, glorious Lady Theotokos and Ever-Virgin Mary with all the saints, let us commit ourselves and one another and all our life unto Christ, our God.

Choir: To Thee, O Lord.

Exclamation:

For unto Thee is due all glory, honor and worship, to the Father, and to the Son, and to the Holy Spirit, now and ever, and unto the ages of ages.

Choir: Amen.

И҆ начина́ютъ пѣ́ти,
по гла́сѹ тропарѧ̀ днѐ:

Бг҃ъ гдⷭ҇ь и҆ ꙗ҆ви́сѧ на́мъ, блгⷭ҇ове́нъ грѧды́й во и҆́мѧ гдⷭ҇не.

Сті́хъ: И҆сповѣ́дайтесѧ гдⷭ҇еви, ꙗ҆́кѡ бл҃гъ, ꙗ҆́кѡ въ вѣ́къ млⷭ҇ть є҆гѡ̀.

Сті́хъ: Ѡ҆быше́дше ѡ҆быдо́ша мѧ̀, и҆ и҆́менемъ гдⷭ҇нимъ противлѧ́хсѧ и҆̀мъ.

Сті́хъ: Не ᲂу҆мрѹ̀, но жи́въ бѹ́дѹ, и҆ повѣ́мъ дѣла̀ гдⷭ҇нѧ.

Сті́хъ: Ка́мень, є҆го́же небрего́ша зи́ждѹщїи, се́й бы́сть во главѹ̀ ᲂу҆́гла: ѿ гдⷭ҇а бы́сть се́й, и҆ є҆́сть ди́венъ во ѻ҆чесѣ́хъ на́шихъ.

Пое́тсѧ же Бг҃ъ гдⷭ҇ь: д҃-жды.

Та́же глаго́летсѧ тропа́рь слѹчи́вшїйсѧ в҃-жды, и҆ бⷣченъ въ то́йже гла́съ. И҆ а҆́ще слѹчи́тсѧ два̀ тропарѧ̀, всегда̀ пе́рвый глаго́летсѧ в҃-жды, та́же вторы́й и҆ бⷣченъ. Поемѹ́ же Бг҃ъ гдⷭ҇ь, ѿхо́дитъ канона́рхъ, и҆ стои́тъ посредѣ̀ хра́ма ѿкрове́нъ, и҆

And they begin to sing, in the tone of the troparion of the day:

God is the Lord, and hath appeared unto us; Blessed is he that cometh in the Name of the Lord.

Verse: O give thanks unto the Lord, for He is good; for His mercy endureth for ever.

Verse: They kept me in on every side, but in the Name of the Lord have I driven them back.

Verse: I shall not die, but live, and declare the works of the Lord.

Verse: The stone which the builders refused is become the headstone of the corner. This is the Lord's doing, and it is marvellous in our eyes.

God is the Lord . . . is sung four times.

Then the appointed troparion is said twice, with the Theotokion in the same tone. And if there are two troparia, the first one is always said twice, then the second one and the Theotokion.

When we chant God is the Lord, the chanter

глаго́летъ ти́хѡ вышепи́санныѧ сті́хи. Сто́итъ же та́мѡ, до́ндеже начнꙋ́тъ бг҃оро́диченъ. Та́же покланѧ́етсѧ, на не́мже стои́тъ мѣ́стѣ. И҆ ѡ҆брати́всѧ покланѧ́етсѧ ликѡ́мъ, и҆ ѿхо́дитъ.

Си́це твори́тъ, и҆ є҆гда̀ є҆́сть а҆ллилꙋ́їа. А҆́ще є҆́сть а҆ллилꙋ́їа, и҆лѝ вели́каѧ м҃ца, по є҆кте́нїи пое́мъ А҆ллилꙋ́їа, д҃-жды, въ слꙋчи́вшїйсѧ гла́съ ѻ҆смогла́сника.

Стїхѝ же глаго́лемъ сїѧ̑:

Сті́хъ а҃: Ѿ но́щи ᲂу҆́тренюетъ дꙋ́хъ мо́й къ тебѣ̀, бж҃е, занѐ свѣ́тъ повелѣ̑нїѧ твоѧ̑ на земли̇̀.

Сті́хъ в҃: Пра́вдѣ наꙋчи́тесѧ живꙋ́щїи на земли̇̀.

Сті́хъ г҃: За́висть прї́иметъ лю́ди ненака̑занныѧ.

Сті́хъ д҃: Приложѝ и҆̀мъ ѕла̀, гд҇и, приложѝ ѕла̀ сла̑внымъ земли̇̀.

goes out and stands in the middle of the temple bareheaded and says quietly the above-written verses. He stands there until they begin the Theotokion. Then he bows at the place where he stands. And having turned, he bows to the choirs and returns.

It is done thus also when there is Alleluia. If there be Alleluia, or if it be Great Lent, after the litany we chant Alleluia four times in the appointed tone of the Octoechos.

And we say these verses:

Verse 1: Out of the night my spirit waketh at dawn unto Thee, O God, for Thy commandments are a light upon the earth.

Verse 2: Learn righteousness, ye that dwell upon the earth.

Verse 3: Zeal shall lay hold upon an uninstructed people.

Verse 4: Add more evils upon them, O Lord; add more evils upon them that are glorious upon the earth.

И҆ тр҇͛чны гла́са. По се́мъ же ѻ҆бы́чное стїхосло́вїе. По и҆сполне́нїи же стїхосло́вїѧ, твори́тъ дїа́конъ, и҆лѝ сщ҃е́нникъ ма́лꙋю є҆ктенїю̀:

Па́ки и҆ па́ки ми́ромъ гдⷭ҇ꙋ помо́лимсѧ.
Ли́къ: Гдⷭ҇и, поми́лꙋй.
Застꙋпѝ, спасѝ, поми́лꙋй и҆ сохранѝ на́съ, бж҃е, твое́ю блгⷣтїю.
Ли́къ: Гдⷭ҇и, поми́лꙋй.
Прест҇ꙋ́ю, пречⷭ҇тꙋ́ю, преблгⷭ҇ловле́ннꙋю, сла́внꙋю влⷣчцꙋ на́шꙋ бцⷣꙋ и҆ приснодв҃ꙋ мр҇і́ю, со всѣ́ми ст҇ы́ми помѧнꙋ́вше, са́ми себѐ и҆ дрꙋ́гъ дрꙋ́га, и҆ ве́сь живо́тъ на́шъ хрⷭ҇тꙋ̀ бг҃ꙋ предади́мъ.
Ли́къ: Тебѣ̀, гдⷭ҇и.

Возглаше́нїе:

Ꙗ҆́кѡ твоѧ̀ держа́ва и҆ твоѐ є҆́сть црⷭ҇тво, и҆ си́ла, и҆ сла́ва, ѻ҆ц҃а̀ и҆ сн҃а, и҆ ст҃а́гѡ дх҃а, ны́нѣ и҆ при́снѡ, и҆ во вѣ́ки вѣкѡ́въ.
Ли́къ: А҆ми́нь.

And the Triadica of the tone. After this, the usual reading of the Psalter. After the completion of the kathismata, the deacon, or the priest, says the Small Litany.

Again and again, in peace let us pray to the Lord.

Choir: Lord, have mercy.

Help us, save us, have mercy on us, and keep us, O God, by Thy grace.

Choir: Lord, have mercy.

Calling to remembrance our most holy, most pure, most blessed, glorious Lady Theotokos and Ever-Virgin Mary, with all the saints, let us commit ourselves and one another and all our life unto Christ, our God.

Choir: To Thee, O Lord.

Exclamation:

For Thine is the dominion, and Thine is the kingdom, and the power, and the glory, of the Father, and of the Son, and of the Holy Spirit, now and ever, and unto the ages of ages.

Choir: Amen.

По в҃-мъ стїхосло́вїи:

Па́ки и҆ па́ки: и҆ про́чаѧ.

Возглаше́нїе:

Ꙗ҆́кѡ бла́гъ и҆ чл҃вѣколю́бецъ бг҃ъ є҆сѝ, и҆ тебѣ̀ сла́вꙋ возсыла́емъ, ѻ҆ц҃ꙋ̀ и҆ сн҃ꙋ и҆ ст҃о́мꙋ дх҃ꙋ, нн҃ѣ и҆ при́снѡ и҆ во вѣ́ки вѣкѡ́въ.

Ли́къ: А҆ми́нь.

По непоро́чнахъ, и҆ по Бл҃гослове́нъ є҆сѝ, гдⷭ҇и: ма́лаѧ є҆ктенїа̀ и҆ возгла́съ:

Ꙗ҆́кѡ бл҃гослови́сѧ и҆́мѧ твоѐ, и҆ просла́висѧ црⷭ҇тво твоѐ, ѻ҆ц҃а̀ и҆ сн҃а и҆ ст҃а́гѡ дх҃а, нн҃ѣ и҆ при́снѡ и҆ во вѣ́ки вѣкѡ́въ.

Ли́къ: А҆ми́нь.

Ѷ҆пакоѝ.

Степе́нны гла́са.

Дїа́конъ: Во́нмемъ. Премꙋ́дрость. Во́нмемъ.

After the 2nd Kathisma:

Again and again . . . etc.

Exclamation:

For a good God art Thou, and the Lover of mankind, and unto Thee do we send up glory, to the Father, and to the Son, and to the Holy Spirit, now and ever, and unto the ages of ages.
Choir: Amen.

After the 17th Kathisma, and after Blessed art Thou, O Lord, the Small Litany and the exclamation:

For blessed is Thy name, and glorified is Thy kingdom, of the Father, and of the Son, and of the Holy Spirit, now and ever, and unto the ages of ages.
Chanters: Amen.

The hypakoe.

The Hymns of Ascent of the tone.

Deacon: Let us Attend. Wisdom. Let us Attend.

И҆ чита́етъ
прокі́менъ воскр҃нъ.

Прокі́менъ, гла́съ ___ :

Дїа́конъ: Гдⷭ҇ꙋ помо́лимсѧ.

Сщ҃е́нникъ возглаша́етъ:

Ꙗ҆́кѡ ст҃ъ є҆сѝ, бж҃е на́шъ, и҆ во ст҃ы́хъ почива́еши, и҆ тебѣ̀ сла́вꙋ возсыла́емъ, ѻ҆ц҃ꙋ̀ и҆ сн҃ꙋ̀ и҆ ст҃о́мꙋ дх҃ꙋ, ны́нѣ и҆ при́снѡ и҆ во вѣ́ки вѣкѡ́въ.
Ли́къ: А҆ми́нь.

Дїа́конъ: Всѧ́кое дыха́нїе да хва́литъ гдⷭ҇а.
Сті́хъ: Хвали́те бг҃а во ст҃ы́хъ є҆гѡ̀, хвали́те є҆го̀ во ᲂу҆твержде́нїи си́лы є҆гѡ̀.

И҆ посе́мъ возглаша́етъ дїа́конъ:

И҆ ѡ҆ сподо́битисѧ на́мъ слы́шанїю ст҃а́гѡ є҆ѵⷢ҇лїа, гдⷭ҇а бг҃а мо́лимъ.
Ли́къ: Гдⷭ҇и, поми́лꙋй, три́жды.

And he proclaims the Resurrectional Prokeimenon.

The Prokeimenon in the __ Tone . . .

Deacon: Let us pray to the Lord.

The priest exclaims:

For holy art Thou, our God, and Thou restest in the saints, and unto Thee do we send up glory, to the Father, and to the Son, and to the Holy Spirit, now and ever, and unto the ages of ages.

Choir: Amen.

Deacon: Let every thing that hath breath praise the Lord.

Verse: O praise God in His sanctuary, praise Him in the firmament of His power.

And then the deacon exclaims:

And that He will vouchsafe unto us the hearing of the Holy Gospel, let us pray unto the Lord God.

Choir: Lord, have mercy, Thrice.

Дїа́конъ: Премꙋ́дрость, про́сти ᲂу҆слы́шимъ ст҃а́гѡ є҆ѵⷢ҇лїа.

Сщ҃е́нникъ: Ми́ръ всѣ́мъ.

Лю́дїе: И҆ дꙋ́хови твоемꙋ̀.

И҆ а҆́бїе сщ҃е́нникъ: Ѿ і҆́мкъ ст҃а́гѡ є҆ѵⷢ҇лїа чте́нїе.

Ли́къ: Сла́ва тебѣ̀, гдⷭ҇и, сла́ва тебѣ̀.

Дїа́конъ: Во́нмемъ.

И҆ глаго́летъ сщ҃е́нникъ ᲂу҆́треннее є҆ѵⷢ҇лїе, а҆́ще слꙋчи́тсѧ недѣ́лѧ.

Та́же: Воскрⷭ҇нїе хрⷭ҇то́во: И҆ н҃-й ѱало́мъ.

По цѣлова́нїи же є҆ѵⷢ҇лїа, глаго́летъ дїа́конъ:

Спаси̑, бж҃е, лю́ди твоѧ̑ и҆ блгⷭ҇ловѝ достоѧ́нїе твоѐ, посѣтѝ мі́ръ тво́й млⷭ҇тїю и҆ щедро́тами, возвы́си ро́гъ хрⷭ҇тїа́нъ правосла́вныхъ и҆ низпослѝ на ны̀ ми́лѡсти твоѧ̑ бога̑тыѧ: мл҃твами всепречⷭ҇тыѧ вл҃чцы на́шеѧ бцⷣы и҆ приснодв҃ы мрі́и: си́лою чⷭ҇тна́гѡ и҆ животворѧ́щагѡ крⷭ҇та̀:

Deacon: Wisdom! Aright! Let us hear the Holy Gospel.

Priest: Peace be unto all.

Choir: And to thy spirit.

And again, the priest: The reading is from the Holy Gospel according to N.

Choir: Glory to Thee, O Lord, glory to Thee.

Deacon: Let us attend.

And the priest reads the Matins Gospel, if it be a Sunday.

Then: Having beheld the Resurrection of Christ . . . And the 50th psalm.

After the veneration of the Gospel, the deacon says:

Save, O God, Thy people, and bless Thine inheritance; visit Thy world with mercy and compassions; exalt the horn of Orthodox Christians, and send down upon us Thine abundant mercies: through the intercessions of our immaculate Lady Theotokos and Ever-Virgin Mary; through the power of the

предста́тельствы ч҃тны́хъ н҃бны́хъ си́лъ безпло́тныхъ: ч҃тна́гѡ сла́внагѡ прⷪ҇ро́ка, прⷣ҇те́чи и҆ кр҃ти́телѧ і҆ѡа́нна: с҃ты́хъ сла́вныхъ и҆ всехва́льныхъ а҆пⷭ҇лъ: [А҆́ще па́мѧть є҆ди́нагѡ ѿ двана́десѧти а҆пⷭ҇лъ и҆лѝ є҆ѵⷢ҇лі́стѡвъ, глаго́летсѧ: с҃та́гѡ а҆пⷭ҇ла и҆ є҆ѵⷢ҇лі́ста и҆́мкъ и҆ про́чихъ с҃ты́хъ сла́вныхъ и҆ всехва́льныхъ а҆пⷭ҇лъ]: и҆̀же во с҃ты́хъ ѻ҆тє́цъ на́шихъ и҆ вселе́нскихъ вели́кихъ ᲂу҆чи́телей и҆ с҃ти́телей, васі́лїа вели́кагѡ, григо́рїа бг҃осло́ва и҆ і҆ѡа́нна златоᲂу́стагѡ: и҆́же во с҃ты́хъ ѻ҆тца̀ на́шегѡ нїкола́а, а҆рхїеп҃кпа мѵ́рлѷкі́йскихъ, чᲂудотво́рца: с҃ты́хъ равноа҆пⷭ҇льныхъ меѳо́дїа и҆ кѷрі́лла, ᲂу҆чи́телей слове́нскихъ: с҃та́гѡ бл҃говѣ́рнагѡ и҆ равноа҆пⷭ҇льнагѡ вели́кагѡ кнѧ́зѧ влади́мїра, и҆ бл҃же́нныѧ кнѧги́ни рѡссі́йскїѧ ѻ҆́льги: и҆̀же во с҃ты́хъ ѻ҆тє́цъ на́шихъ всеѧ̀ рѡссі́и чᲂудотво́рцєвъ: мїха́ила, петра̀, а҆леѯі́а, і҆ѡ́ны, фїлі́ппа, є҆рмоге́на, мака́рїа, дими́трїа, митрофа́на, ті́хѡна, ѳеодо́сїа, і҆ѡаса́фа, пити́рима,

precious and life-giving Cross; through the mediations of the honorable, heavenly Bodiless Hosts; of the honorable, glorious Prophet, Forerunner, and Baptist John; of the holy, glorious, and all-praised apostles, (if there be commemorated one of the twelve apostles or evangelists, it is said: of the holy Apostle and Evangelist N., and the other holy, glorious, and all-praised apostles); of our fathers among the saints and great ecumenical teachers and hierarchs: Basil the Great, Gregory the Theologian, and John Chrysostom; of our father among the saints, Nicholas the Wonderworker, archbishop of Myra in Lycia; of the holy Equals-of-the-Apostles Methodius and Cyril, Teachers of the Slavs; of the holy Right-believing and Equal-of-the-Apostles Great Prince Vladimir, and the Blessed Great Princess of Russia, Olga; of our fathers among the saints, the Wonderworkers of All Russia: Michael, Peter, Alexis, Jonah, Philip, Macarius, Demetrius, Metrophanes, Tikhon,

і҆нноке́нтїа и҆ і҆ѡа́нна: ст҃ы́хъ сщ҃еннomч҃никѡвъ и҆ и҆сповѣ́дникѡвъ: ті́хѡна, патрїа́рха моско́вскагѡ, влади́мїра кі́евскагѡ, венїамі́на и҆ і҆ѡ́сифа петрогра́дскихъ, петра̀ крꙋти́цкагѡ, кѷрі́лла каза́нскагѡ, а҆гаѳа́ггела ꙗ҆росла́вскагѡ, а҆ндроні́ка пе́рмскагѡ, є҆рмоге́на тобо́льскагѡ, пресвѵ́терѡвъ: і҆ѡа́нна, і҆ѡа́нна, петра̀ и҆ фїлосо́фа, и҆ всѣ́хъ сщ҃енномч҃никѡвъ но́выхъ и҆ и҆сповѣ́дникѡвъ цр҃кве рѡссі́йскїѧ: ст҃ы́хъ сла́вныхъ и҆ добропобѣ́дныхъ мч҃никѡвъ: ст҃а́гѡ сла́внагѡ великомч҃ника побѣдоно́сца и҆ чꙋдотво́рца геѡ́ргїа: ст҃а́гѡ великомч҃ника и҆ цѣли́телѧ пантелеи́мона: ст҃ы́ѧ великомч҃ницы варва́ры: ст҃ы́хъ бл҃говѣ́рныхъ, рѡссі́йскихъ кнѧзе́й и҆ страстоте́рпцєвъ: бори́са, глѣ́ба и҆ і҆́горѧ: и҆ ст҃ы́хъ бл҃говѣ́рныхъ страстоте́рпцєвъ: царѧ̀-мч҃ника нїкола́а, цари́цы а҆леѯа́ндры, царе́вича а҆леѯі́а, царе́венъ ѻ҆́льги, татїа́ны, марі́и и҆ а҆настасі́и, ст҃ы́хъ прпⷣбномч҃ницъ кнѧги́ни є҆лїсаве́ты и҆ і҆нокі́ни варва́ры и҆ всѣ́хъ новомч҃никѡвъ рѡссі́йскихъ:

Theodosius, Joasaph, Hermogenes, Pitirim, Innocent, and John; of the holy Hieromartyrs and Confessors: Tikhon, Patriarch of Moscow, Vladimir of Kiev, Benjamin and Joseph of Petrograd, Peter of the Krutitsky Monastery, Cyril of Kazan, Agathangel of Yaroslavl, Andronicus of Perm, Hermogenes of Tobolsk, the priests John, John, Peter, and Philosoph, and all the new hieromartyrs and confessors of the Russian Church; of the holy, glorious, and victorious martyrs: the holy, glorious Great-martyr, Trophy-bearer and Wonderworker George; the holy Great-martyr and Healer Panteleimon; the holy Great-martyr Barbara; and the holy Right-believing Russian Princes and Passion-bearers Boris, Gleb, and Igor; and the holy Right-believing Passionbearers: Tsar Martyr Nicholas, Tsaritsa Alexandra, the Crown Prince Alexis, the Princesses Olga, Tatiana, Maria, and Anastasia, and the holy nun-martyrs Grand Duchess Elizabeth and Nun Barbara, and all the New Martyrs of Russia; of our venerable and God-bearing

прп҃бныхъ и҆ бг҃оно́сныхъ ѻ҆тє́цъ на́шихъ: а҆нтѡ́нїа и҆ ѳеодо́сїа кі́ево-печє́рскихъ, се́ргїа, и҆гꙋ́мена ра́донежскагѡ и҆ серафі́ма саро́вскагѡ, і҆́ѡва, и҆гꙋ́мена и҆ чꙋдотво́рца поча́евскагѡ, ст҃а́гѡ пр҃веднагѡ і҆ѡа́нна кроншта́дтскагѡ, ст҃ы́ѧ бл҃же́нныѧ ѯе́нїи петербꙋ́ргскїѧ, прп҃бныхъ и҆ бг҃оно́сныхъ ѻ҆тє́цъ на́шихъ: ге́рмана а҆лѧ́скинскагѡ, паи́сїа величко́вскагѡ, льва̀, мака́рїа, а҆мвро́сїа и҆ про́чихъ ста́рцєвъ ѻ҆́птинскихъ, ст҃и́телей і҆ннокє́нтїа моско́вскагѡ, ні́колаа ꙗ҆по́нскагѡ, і҆ѡа́нна шанха́йскагѡ и҆ санъ-франци́сскагѡ: и҆ ст҃а́гѡ и҆́мкъ, [є҆гѡ́же є҆́сть хра́мъ и҆ є҆гѡ́же є҆́сть де́нь], ст҃ы́хъ и҆ пра́ведныхъ бг҃оѻ҆тє́цъ і҆ѡакі́ма и҆ а҆́нны: и҆ всѣ́хъ ст҃ы́хъ: мо́лимъ тѧ̀, многоми́лостиве гд҇и, ᲂу҆слы́ши на́съ грѣ́шныхъ, молѧ́щихсѧ тебѣ̀, и҆ поми́лꙋй на́съ.

Ли́къ: Гд҇и, поми́лꙋй. в҃і.

fathers: Anthony and Theodosius of the Kiev Caves; Sergius, the Abbot of Radonezh, and Seraphim of Sarov; Job, Abbot and Wonder-worker of Pochaev; of the holy Righteous John of Kronstadt; of the holy Blessed Xenia of St Petersburg; of our venerable and God-bearing fathers: Herman of Alaska; Paisius Velichkovsky; Leo, Macarius, Ambrose, and the other Elders of Optina; of the holy hierarchs Innocent of Moscow, Nicholas of Japan, John of Shanghai and San Francisco; and Saint N., (whose temple it is and whose day it is); of the holy and Righteous Ancestors of God, Joachim and Anna; and of all the saints; we pray Thee, O Lord plenteous in mercy, hearken unto us sinners that pray unto Thee, and have mercy on us.

Choir: Lord, have mercy. Twelve times.

Сщ҃е́нникъ возгла́съ:

Млⷭ҇тїю и҆ щедро́тами и҆ чл҃вѣколю́бїемъ є҆диноро́днагѡ твоегѡ̀ сн҃а, съ ни́мъ же бл҃гослове́нъ є҆сѝ, со прест҃ы́мъ и҆ бл҃ги́мъ и҆ животворѧ́щимъ твои́мъ дх҃омъ, нн҃ѣ и҆ при́снѡ и҆ во вѣ́ки вѣкѡ́въ.

Ли́къ: А҆ми́нь.

И҆ начина́емъ канѡ́ны: воскрⷭ҇нъ, крⷭ҇товоскрⷭ҇нъ, бцⷣы, и҆ минеи́.

По г҃-й пѣ́сни твори́тъ дїа́конъ, и҆лѝ сщ҃е́нникъ, ма́лꙋю є҆ктенїю̀:

Па́ки и҆ па́ки: Застꙋпѝ, спасѝ: Прест҃ꙋ́ю, пречⷭ҇тꙋю:

Возглаша́етъ сщ҃е́нникъ:

Ꙗ҆́кѡ ты̀ є҆сѝ бг҃ъ на́шъ, и҆ тебѣ̀ сла́вꙋ возсыла́емъ, ѻ҆ц҃ꙋ̀ и҆ сн҃ꙋ̀ и҆ ст҃о́мꙋ дх҃ꙋ, нн҃ѣ и҆ при́снѡ и҆ во вѣ́ки вѣкѡ́въ.

Ли́къ: А҆ми́нь.

Та́же сѣда́ленъ минеи́.

The priest says the exclamation:

Through the mercy and compassions and love for mankind of Thine Only-begotten Son, with Whom Thou art blessed, together with Thy most-holy and good and life-creating Spirit, now and ever, and unto the ages of ages.
Choir: Amen.

And we begin the canons: of the Resurrection, of the Cross and Resurrection, of the Theotokos, and of the Menaion.

After the 3rd ode the deacon or the priest says the Small Litany:

Again and again . . . Help us, save us . . . Calling to remembrance . . .

The priest says the exclamation:

For Thou art our God, and unto Thee do we send up glory, to the Father, and to the Son, and to the Holy Spirit, now and ever, and unto the ages of ages.
Chanters: Amen.

Then the sessional hymn from the Menaion.

По ѕ҃-й пѣ́сни є҆ктенїа̀.

Па́ки и҆ па́ки: Застꙋпѝ, спасѝ: Прест҃ꙋ́ю, преч҃тꙋ́ю:

Возгла́съ:

Ты́ бо є҆сѝ цр҃ь ми́ра и҆ сп҃съ дꙋ́шъ на́шихъ, и҆ тебѣ̀ сла́вꙋ возсыла́емъ, ѻ҆ц҃ꙋ̀ и҆ сн҃ꙋ̀ и҆ ст҃о́мꙋ дх҃ꙋ, ны́нѣ и҆ при́снѡ и҆ во вѣ́ки вѣкѡ́въ.

Ли́къ: А҆ми́нь.

Конда́къ, и҆ і҆́косъ.
И҆ чте́нїе въ сѵнаѯа́рїи.

По цѣлова́нїи ст҃а́гѡ є҆ѵ҃лїа бра́тїею и҆ наро́домъ, і҆ере́й вно́ситъ ѻ҆́ное въ ѻ҆лта́рь, ѡ҆сѣнѧ́ѧ и҆́мъ и҆з̾ цр҃кихъ вра́тъ люде́й. Наче́ншейсѧ же и҃-й пѣ́сни, дїа́конъ, прїе́мъ кади́ло и҆ взе́мъ бл҃гослове́нїе ѿ і҆ере́а, кади́тъ ст҃ы́й ѻ҆лта́рь.

After the 6th ode, the Small Litany:

Again and again . . . Help us, save us . . . Calling to remembrance . . .

Exclamation:

For Thou art the King of Peace and the Saviour of our souls, and unto Thee do we send up glory, to the Father, and to the Son, and to the Holy Spirit, now and ever, and unto the ages of ages.

Chanters: Amen.

The kontakion, ikos, and the reading from the Synaxarion.

After the veneration of the Holy Gospel by the brethren and the people, the priest brings it into the sanctuary, blessing the people with it from the Royal Gates. When the Eighth Ode of the canon begins, the deacon takes the censer, and having received a blessing from the priest, censes the holy sanctuary.

По ѡ҆кончáнїи же катавáсїи и҃-й пѣ́сни, стáвъ пред̾ і҆кѡ́ною бж҃їей мт҃ре, возглашáетъ:

Бцⷣꙋ и҆ мт҃рь свѣ́та въ пѣ́снехъ возвели́чимъ.

И҆ кади́тъ ли́ки и҆ вє́сь хрáмъ, и҆ ѡ҆кóнчивъ каждéнїе, вхóдитъ во ѻлтáрь.

По д҃-й пѣ́сни, а҆́ще оу҆бѡ нѣ́сть недѣ́лѧ: Достóйно є҆́сть:

А҆́ще же є҆́сть недѣ́лѧ, по і҆рмосѣ̀ є҆ктенїа̀:

Пáки и҆ пáки: Застꙋпѝ, спасѝ: Прест҃ꙋ́ю, пречⷭ҇тꙋю:

Возглашéнїе:

Ꙗ҆́кѡ тѧ̀ хвáлѧтъ всѧ̑ си́лы нбⷭ҇ныѧ, и҆ тебѣ̀ слáвꙋ возсылáемъ, ѻ҆ц҃ꙋ̀ и҆ сн҃ꙋ и҆ ст҃óмꙋ дх҃ꙋ, нынѣ̀ и҆ при́снѡ и҆ во вѣ́ки вѣкѡ́въ.

Ли́къ: А҆ми́нь.

After the katavasia of the Eighth Ode is finished, having stood before the icon of the Mother of God, he exclaims:

The Theotokos and Mother of the Light, let us magnify in song.

And he censes the choirs and the whole temple, and having finished the censing, he enters the sanctuary.

After the Ninth Ode, if it not be Sunday:

It is truly meet.

But if it be a Sunday, after the irmos, the Litany:

Again and again . . . Help us, save us . . . Calling to remembrance . . .

Exclamation:

For all the hosts of heaven praise Thee, and unto Thee do we send up glory, to the Father, and to the Son, and to the Holy Spirit, now and ever, and unto the ages of ages.

Choir: Amen.

Та́же: Ст҃ъ гдⷭ҇ь бг҃ъ на́шъ.
Сті́хъ: Ꙗ҆́кѡ ст҃ъ гдⷭ҇ь бг҃ъ на́шъ.
Сті́хъ: Надъ всѣ́ми людьмѝ бг҃ъ на́шъ.

Воскрⷭ҇ный є҆ѯапостїла́рїй, и҆ ст҃а́гѡ, а҆́ще пра́зднꙋетсѧ.

На хвали́техъ стїхи́ры воскрⷭ҇ны д҃: и҆ а҆нато́лїевы д҃.

Глаго́лемъ и҆ стїха̀ два̀:

Сті́хъ а҃: Воскрⷭ҇нѝ, гдⷭ҇и бж҃е мо́й:
Сті́хъ в҃: И҆сповѣ́мсѧ тебѣ̀, гдⷭ҇и:

Сла́ва: стїхи́ра є҆ѵⷢ҇льскаѧ рѧдова́ѧ.
И҆ ны́нѣ: Преблⷭ҇гослове́нна є҆сѝ:

Та́же: Сла́ва тебѣ̀ показа́вшемꙋ на́мъ свѣ́тъ.

Славосло́вїе вели́кое. Глаго́лемъ же и҆ тропарѝ по ѡ҆бы́чаю.

Then: Holy is the Lord our God.
Verse: For holy is the Lord our God.
Verse: Above all peoples is our God.

The exapostilarion of the Resurrection, and of the Saint, if one be celebrated.

At the Praises, 4 stichera of the Resurrection; and 4 Anatolian.

We also add two verses:

Verse 1: Arise, O Lord my God . . .
Verse 2: I will confess Thee, O Lord . . .

Glory . . . the appointed Gospel sticheron.
Both now . . . Most blessed art thou, O Virgin Theotokos . . .

Then: Glory to Thee Who hast showed us the light.

The Great Doxology. Then we say the troparia, according to the custom.

Та́же глаго́летъ дїа́конъ, и҆лѝ і҆ере́й, є҆ктенї́ю:

Поми́луй на́съ, бж҃е, по вели́цѣй ми́лости твое́й, мо́лимтисѧ, ᲂу҆слы́ши и҆ поми́луй.

Ли́къ: Гдⷭ҇и, поми́луй, три́жды.

Є҆щѐ мо́лимсѧ ѡ҆ вели́комъ господи́нѣ и҆ ѻ҆тцѣ̀ на́шемъ ст҃ѣ́йшемъ патрїа́рсѣ и҆́мкъ, и҆ ѡ҆ господи́нѣ на́шемъ высокопреѡсщ҃е́ннѣйшемъ митрополі́тѣ и҆́мкъ, первоі҆ера́рсѣ ру́сскїѧ зару́бежныѧ цр҃кве, и҆ ѡ҆ господи́нѣ на́шемъ высокопреѡсщ҃е́ннѣйшемъ а҆рхїеп҃кпѣ [и҆лѝ преѡсщ҃е́ннѣйшемъ є҆п҃кпѣ] и҆́мкъ. и҆ ѡ҆ все́й во хрⷭ҇тѣ̀ бра́тїи на́шей.

Ли́къ: Гдⷭ҇и, поми́луй, три́жды.

Є҆щѐ мо́лимсѧ ѡ҆ стра́нѣ се́й, власте́хъ и҆ во́инствѣ є҆ѧ̀, и҆ всѣ́хъ вѣ́рою и҆ бл҃гоче́стїемъ живу́щихъ въ не́й.

Ли́къ: Гдⷭ҇и, поми́луй, три́жды.

Є҆щѐ мо́лимсѧ ѡ҆ бг҃охрани́мѣй стра́нѣ рѡссі́йстѣй и҆ правосла́вныхъ лю́дехъ є҆ѧ̀ во ѻ҆те́чествїи и҆ разсѣ́ѧнїи су́щихъ и҆ ѡ҆ сп҃се́нїи и҆́хъ.

Ли́къ: Гдⷭ҇и, поми́луй, три́жды.

Then the deacon, or the priest, says the litany:

Have mercy on us, O God, according to Thy great mercy, we pray Thee, hearken and have mercy.

Choir: Lord, have mercy. Thrice.

Again we pray for our great lord and father, the Most Holy Patriarch N.; for our lord the Very Most Reverend Metropolitan N., First Hierarch of the Russian Church Abroad; for our lord the Most Reverend Archbishop [or Right Reverend Bishop] N.; and for all our brethren in Christ.

Choir: Lord, have mercy. Thrice.

Again we pray for this land, its authorities and armed forces, and all who with faith and piety dwell therein.

Choir: Lord, have mercy. Thrice.

Again we pray for the God-preserved Russian land and its Orthodox people both in the homeland and the diaspora, and for their salvation.

Choir: Lord, have mercy. Thrice.

Є҆щѐ мо́лимсѧ гдⷭ҇ꙋ бг҃ꙋ на́шемꙋ ѡ҆ є҆́же и҆зба́вити лю́ди своѧ҄ ѿ вра̑гъ ви́димыхъ и҆ неви́димыхъ, въ на́съ же ᲂу҆тверди́ти є҆диномы́слїе, братолю́бїе и҆ бл҃гоче́стїе.

Ли́къ: Гдⷭ҇и, поми́лꙋй, три́жды.

Є҆щѐ мо́лимсѧ ѡ҆ бл҃же́нныхъ и҆ приснопа́мѧтныхъ созда́телехъ ст҃а́гѡ хра́ма сегѡ̀ [а҆́ще во ѻ҆би́тели: ст҃ы́ѧ ѻ҆би́тели сеѧ̀], и҆ ѡ҆ всѣ́хъ преждепочи́вшихъ ѻ҆тцѣ́хъ и҆ бра́тїѧхъ, здѣ̀ лежа́щихъ и҆ повсю́дꙋ, правосла́вныхъ.

Ли́къ: Гдⷭ҇и, поми́лꙋй, три́жды.

Є҆щѐ мо́лимсѧ ѡ҆ ми́лости, жи́зни, ми́рѣ, здра́вїи, спасе́нїи, посѣще́нїи, проще́нїи и҆ ѡ҆ставле́нїи грѣхѡ́въ рабѡ́въ бж҃їихъ, бра́тїи ст҃а́гѡ хра́ма сегѡ̀ [а҆́ще во ѻ҆би́тели: ст҃ы́ѧ ѻ҆би́тели сеѧ̀].

Ли́къ: Гдⷭ҇и, поми́лꙋй, три́жды.

Є҆щѐ мо́лимсѧ ѡ҆ плодонося́щихъ и҆ добродѣ́ющихъ во ст҃ѣ́мъ и҆ всечестнѣ́мъ хра́мѣ се́мъ, трꙋжда́ющихсѧ, пою́щихъ и҆ предстоѧ́щихъ лю́дехъ, ѡ҆жида́ющихъ ѿ тебє̀ вели́кїѧ и҆ бога́тыѧ мл҃ти.

Again we pray to the Lord our God that He may deliver His people from enemies, visible and invisible, and confirm in us oneness of mind, brotherly love, and piety.

Choir: Lord, have mercy. Thrice.

Again we pray for the blessed and ever-memorable founders of this holy temple [if it be a monastery: this holy monastery], and for our fathers and brethren gone to their rest before us, and for all the Orthodox here and everywhere laid to rest.

Choir: Lord, have mercy. Thrice.

Again we pray for mercy, life, peace, health, salvation, visitation, pardon and remission of the sins of the servants of God, the brethren of this holy temple [if it be a monastery: this holy monastery].

Choir: Lord, have mercy. Thrice.

Again we pray for them that bring offerings and do good works in this holy and all-venerable temple; for them that minister and them that chant, and for all the people here present that await of Thee great and abundant mercy.

Ли́къ: Гдⷭ҇и, поми́луй, три́жды.

Возглаша́етъ сщ҃е́нникъ:

Ꙗ҆́кѡ млⷭ҇тивъ и҆ чл҃вѣколю́бецъ бг҃ъ є҆сѝ, и҆ тебѣ̀ сла́ву возсыла́емъ, ѻ҆ц҃ꙋ̀ и҆ сн҃у и҆ ст҃о́му дх҃у, нны҃нѣ и҆ при́снѡ и҆ во вѣ́ки вѣкѡ́въ.

Ли́къ: А҆ми́нь.

Та́же дїа́конъ, и҆лѝ ї҆ере́й:

И҆спо́лнимъ оу҆́треннюю мл҃тву на́шу гдⷭ҇еви.

Ли́къ: Гдⷭ҇и, поми́луй.

Заступѝ, спасѝ, поми́луй и҆ сохранѝ на́съ, бж҃е, твое́ю блгⷣтїю.

Ли́къ: Гдⷭ҇и, поми́луй.

Днѐ всегѡ̀ соверше́нна, ст҃а, ми́рна и҆ безгрѣ́шна, оу҆ гдⷭ҇а про́симъ.

Ли́къ: Пода́й, гдⷭ҇и.

А҆́гг҃ла ми́рна, вѣ́рна наста́вника, храни́телѧ ду́шъ и҆ тѣле́съ на́шихъ, оу҆ гдⷭ҇а про́симъ.

Ли́къ: Пода́й, гдⷭ҇и.

Choir: Lord, have mercy. Thrice.

The priest exclaimeth:

For a merciful God art Thou and the Lover of mankind, and unto Thee do we send up glory, to the Father, and to the Son, and to the Holy Spirit, now and ever, and unto the ages of ages.

Choir: Amen.

Then the deacon, or the priest:

Let us complete our morning prayer unto the Lord.

Choir: Lord, have mercy.

Help us, save us, have mercy on us, and keep us, O God, by Thy grace.

Choir: Lord, have mercy.

That the whole day may be perfect, holy, peaceful, and sinless, let us ask of the Lord.

Choir: Grant this, O Lord.

An angel of peace, a faithful guide, a guardian of our souls and bodies, let us ask of the Lord.

Choir: Grant this, O Lord.

Проще́нїѧ и҆ ѡ҆ставле́нїѧ грѣхѡ́въ и҆ прегрѣше́нїй на́шихъ, оу҆ гдⷭ҇а про́симъ.

Ли́къ: Пода́й, гдⷭ҇и.

До́брыхъ и҆ поле́зныхъ дꙋша́мъ на́шымъ и҆ ми́ра мі́рови, оу҆ гдⷭ҇а проси́мъ.

Ли́къ: Пода́й, гдⷭ҇и.

Про́чее вре́мѧ живота̀ на́шегѡ въ ми́рѣ и҆ покаѧ́нїи сконча́ти, оу҆ гдⷭ҇а про́симъ.

Ли́къ: Пода́й, гдⷭ҇и.

Хрⷭ҇тїа́нскїѧ кончи́ны живота̀ на́шегѡ, безболѣ́знены, непосты́дны, ми́рны, и҆ до́брагѡ ѿвѣ́та на стра́шнѣмъ сꙋди́щи хрⷭ҇то́вѣ, про́симъ.

Ли́къ: Пода́й, гдⷭ҇и.

Прест҃ꙋ́ю, пречⷭ҇тꙋ́ю, преблⷭ҇гослове́ннꙋю, сла́внꙋю влⷣчцꙋ на́шꙋ бцⷣꙋ и҆ приснод҃вꙋ мр҃і́ю, со всѣ́ми ст҃ы́ми помѧнꙋ́вше, са́ми себѐ и҆ дрꙋ́гъ дрꙋ́га, и҆ ве́сь живо́тъ на́шъ хрⷭ҇тꙋ̀ бг҃ꙋ предади́мъ.

Ли́къ: Тебѣ̀, гдⷭ҇и.

Pardon and remission of our sins and offenses, let us ask of the Lord.

Choir: Grant this, O Lord.

Things good and profitable for our souls, and peace for the world, let us ask of the Lord.

Choir: Grant this, O Lord.

That we may complete the remaining time of our life in peace and repentance, let us ask of the Lord.

Choir: Grant this, O Lord.

A Christian ending to our life, painless, blameless, peaceful, and a good defence before the dread judgment seat of Christ, let us ask.

Choir: Grant this, O Lord.

Calling to remembrance our most holy, most pure, most blessed, glorious Lady Theotokos and Ever-Virgin Mary with all the saints, let us commit ourselves and one another and all our life unto Christ our God.

Choir: To Thee, O Lord.

Возглаша́етъ сщ҃е́нникъ:

Ꙗ҆́кѡ бг҃ъ млⷭ҇ти и҆ щедро́тъ и҆ чл҃вѣколю́бїѧ є҆сѝ, и҆ тебѣ̀ сла́вꙋ возсыла́емъ, ѻ҆ц҃ꙋ̀ и҆ сн҃ꙋ и҆ ст҃о́мꙋ дх҃ꙋ, ны́нѣ и҆ при́снѡ и҆ во вѣ́ки вѣкѡ́въ.

Ли́къ: А҆ми́нь.

Їере́й: Ми́ръ всѣ̑мъ.

Ли́къ: И҆ дꙋ́хови твоемꙋ̀.

Дїа́конъ: Главы̑ на́шѧ гдⷭ҇еви прикло́нимъ.

Ли́къ: Тебѣ̀, гдⷭ҇и.

И҆ сщ҃е́нникъ глаго́летъ мл҃твꙋ сїю̀ та́йнѡ:

Гдⷭ҇и ст҃ы́й, въ вы́шнихъ живы́й и҆ на смирє́нныѧ призира́ѧй, и҆ всеви́дѧщимъ ѻ҆́комъ твои́мъ призира́ѧй на всю̀ тва́рь: тебѣ̀ приклони́хомъ вы́ю се́рдца и҆ тѣлесѐ, и҆ мо́лимсѧ тебѣ̀: простри̇̀ рꙋ́кꙋ твою̀ неви́димꙋю ѿ ст҃а́гѡ жили́ща твоегѡ̀ и҆ благословѝ всѧ̑ ны̀: и҆ а҆́ще что̀ согрѣши́хомъ, во́лею и҆лѝ нево́лею, ꙗ҆́кѡ бла́гъ и҆

The priest exclaims:

For Thou art a God of mercy and compassion, and love for mankind, and unto Thee do we send up glory, to the Father, and to the Son, and to the Holy Spirit, now and ever, and unto the ages of ages.

Choir: Amen.

Priest: Peace be unto all.

Choir: And to thy spirit.

Deacon: Let us bow our heads unto the Lord.

Choir: To Thee, O Lord.

And the priest says this prayer secretly:

O holy Lord, Who dwellest on high and lookest down on things that are lowly, and with Thine all-seeing eye lookest down on all creation: unto Thee have we bowed the neck of our heart and body, and we pray Thee: Stretch forth Thine invisible hand from Thy holy dwelling-place and bless us all. And do Thou, as the good God and Lover of mankind, forgive whatsoever sins we have committed,

человѣколю́бецъ бг҃ъ простѝ, да́рꙋѧ на́мъ мі́рнаѧ и҆ премі́рнаѧ блага̑ѧ твоѧ̑.

Возглаше́нїе:

Твое́ бо є҆́сть, є҆́же ми́ловати и҆ спаса́ти ны̀, бж҃е на́шъ, и҆ тебѣ̀ сла́вꙋ возсыла́емъ, ѻ҆ц҃ꙋ̀ и҆ сн҃ꙋ̀ и҆ ст҃о́мꙋ дх҃ꙋ, ны́нѣ и҆ при́снѡ и҆ во вѣ́ки вѣкѡ́въ.

Ли́къ: А҆ми́нь.

Дїа́конъ: Премꙋ́дрость.

Ли́къ: Бл҃гословѝ.

Сщ҃е́нникъ: Сы́й бл҃гослове́нъ хрⷭ҇то́съ бг҃ъ на́шъ, всегда̀, ны́нѣ и҆ при́снѡ и҆ во вѣ́ки вѣкѡ́въ.

Ли́къ: А҆ми́нь.

Ѹ҆твердѝ, бж҃е, ст҃ꙋ́ю правосла́внꙋю вѣ́рꙋ, правосла́вныхъ хрⷭ҇тїа́нъ, во вѣ́къ вѣ́ка.

Сщ҃е́нникъ: Прест҃а́ѧ бцⷣе, спасѝ на́съ.

Ли́къ: Честнѣ́йшꙋю херꙋві̑мъ:

Сщ҃е́нникъ: Сла́ва тебѣ̀, хрⷭ҇тѐ бж҃е, ѹ҆пова́нїе на́ше, сла́ва тебѣ̀.

Ли́къ: Сла́ва, и҆ ны́нѣ: Гдⷭ҇и, поми́лꙋй, три́жды. Бл҃гословѝ.

either voluntarily or involuntarily, granting us Thine earthly and spiritual good things.

Exclamation:

For Thine it is to show mercy and to save us, O our God, and unto Thee do we send up glory, to the Father, and to the Son, and to the Holy Spirit, now and ever, and unto the ages of ages.

Choir: Amen.

Deacon: Wisdom!

Choir: (Father,) bless.

Priest: He Who Is is blessed, Christ our God, always, now and ever, and unto the ages of ages.

Choir: Amen.

Establish, O God, the holy Orthodox Faith of Orthodox Christians, unto the ages of ages.

Priest: O most holy Theotokos, save us.

Choir: More honorable than the Cherubim …

Priest: Glory to Thee, O Christ God, our hope, glory to Thee.

Choir: Glory … both now … Lord, have mercy, Thrice. (Father,) Bless.

Сщ҃е́нникъ твори́тъ ѿпꙋ́стъ.
Ли́къ пое́тъ многолѣ́тїе.
Та́же ча́съ пе́рвый.
Сщ҃е́нникъ глаго́летъ
мл҃твꙋ̀ пе́рвагѡ часа̀:

Хрⷭ҇тѐ свѣ́те и҆́стинный, просвѣща́ѧй и҆ ѡ҆свѧща́ѧй всѧ́каго человѣ́ка, грѧдꙋ́щаго въ мі́ръ, да зна́менаетсѧ на на́съ свѣ́тъ лица̀ твоегѡ̀, да въ не́мъ оу҆́зримъ свѣ́тъ непристꙋ́пный, и҆ и҆спра́ви стѡпы̀ на́ша къ дѣ́ланїю за́повѣдей твои́хъ, мл҃твами прест҃ы́ѧ твоеѧ̀ мт҃ре, и҆ всѣ́хъ твои́хъ ст҃ы́хъ. А҆ми́нь.

Ли́къ: Взбра́нной воево́дѣ:

Посе́мъ сщ҃е́нникъ глаго́летъ:

Сла́ва тебѣ̀, хрⷭ҇тѐ бж҃е, оу҆пова́нїе на́ше, сла́ва тебѣ̀.

Ли́къ: Сла́ва, и҆ ны́нѣ: Гдⷭ҇и, поми́лꙋй, три́жды. Бл҃гословѝ.

Сщ҃е́нникъ глаго́летъ ѿпꙋ́стъ.

The priest makes the dismissal.
The choir sings the polychronion.
Then the First Hour is read.
The priest says the
Prayer of the First Hour:

O Christ the true Light, Who enlightenest and sanctifiest every man that cometh into the world: Let the light of Thy countenance be signed upon us, that in it we may see the unapproachable Light, and guide our steps in the doing of Thy commandments, through the intercessions of Thy most pure Mother, and of all Thy saints. Amen.

Choir: To thee the Champion Leader . . .

After this the priest says:

Glory to Thee, O Christ God, our hope, glory to Thee.

Choir: Glory . . . both now . . . Lord, have mercy, Thrice. (Father,) Bless.

The priest says the dismissal.

На повечері́и, полꙋно́щницѣ и҆ пе́рвомъ ча́сѣ во всей седми́цѣ быва́етъ ма́лый ѿпꙋ́стъ си́це:

Хрⷭ҇то́съ и҆́стинный бг҃ъ на́шъ, мл҃твами прechⷭ҇тыѧ своеѧ̀ мт҃ре, прпⷣбныхъ и҆ бг҃о-но́сныхъ ѻ҆тє́цъ на́шихъ и҆ всѣ́хъ ст҃ы́хъ, поми́лꙋетъ и҆ спасе́тъ на́съ, ꙗ҆́кѡ бл҃гъ и҆ чл҃вѣколю́бецъ.

То́чїю въ недѣ́лю на полꙋно́щницѣ и҆ ча́сѣ прилага́етсѧ въ нача́лѣ:

Воскресы́й и҆з̾ ме́ртвыхъ:

During compline, midnight office, and the first hour, throughout the whole week, the small dismissal is said:

May Christ, our true God, through the intercessions of His most pure Mother, of our holy and Godbearing fathers, and of all the saints, have mercy on us and save us, for He is good and the Lover of mankind.

Only on Sundays at the Midnight Office and at the First Hour, in the beginning of the dismissal, it is added:

May Christ, our true God, who rose from the dead . . .

Чи́нъ ма́лыѧ вече́рни.

Ма́лаѧ вече́рнѧ быва́етъ пре́жде со́лнечнагѡ захожде́нїѧ пред̾ пра́здниками, въ кото́рыѧ поло́жено по оу҆ста́вꙋ соверша́ти всено́щное бдѣ́нїе.

І҆ере́й въ є҆пїтрахи́ли предъ цр҃кими врата̀ начина́етъ:

Бл҃гослове́нъ бг҃ъ на́шъ:
Чте́цъ: А҆ми́нь.

И҆ чте́тсѧ девѧ́тый ча́съ по рѧ́дꙋ.

Та́же по ѡ҆конча́нїи того̀, ѿпꙋ́ста не быва́етъ, но і҆ере́й въ є҆пїтрахи́ли пред̾ цр҃кими же врата̀ возглаша́етъ па́ки:

Бл҃гослове́нъ бг҃ъ на́шъ:
Чте́цъ: А҆ми́нь. Прїиди́те, поклони́мсѧ: три́жды и҆ ѱало́мъ вече́рни: Бл҃гословѝ, дꙋшѐ моѧ̀, гд҇а: Сла́ва, и҆ ны́нѣ: А҆ллилꙋ́їа, три́жды. Гдⷭ҇и, поми́лꙋй, три́жды. Сла́ва, и҆ ны́нѣ:

The Order of Small Vespers

Small Vespers takes place before sunset on the eve of feasts for which the Typicon prescribes the celebration of an All-Night Vigil.

The priest in epitrachelion before the royal gates begins:

Blessed is our God . . .

Reader: Amen.

And the Ninth Hour is read, as it is prescribed.

Then, at the end of the Ninth Hour, there is no dismissal, but the priest in epitrachelion before the royal gates again says the exclamation:

Blessed is our God . . .

Reader: Amen. O come let us worship . . . Thrice, and the Vesperal psalm (103): Bless the Lord, O my soul . . . Glory . . . both now . . . Alleluia, Thrice. Lord, have mercy, Thrice. Glory . . . both now . . .

Ектені́и не быва́етъ, но а҆́бїе: Гдⷭ҇и, воззва́хъ: Стїхи́ры д҃. Сла́ва, и҆ нн҃ѣ: Бцⷣоро́диченъ.

По сконча́нїи же стїхи́ръ ли́къ: Свѣ́те ти́хїй: По се́й вече́рней пѣ́сни і҆ере́й предъ ца́рскими врата́ми глаго́летъ проки́менъ днѐ со стїхи̑ є҆гѡ̀.

Чте́цъ: Сподо́би, Гдⷭ҇и: и҆ стїхи̑ры стїхѡ́вны. Сла́ва, и҆ нн҃ѣ: Бцⷣоро́диченъ.

И҆ Ны́нѣ ѿпуща́еши:

По трист҃о́мъ и҆ по возгла́сѣ тропа́рь пра́здника.

Посе́мъ глаго́летъ і҆ере́й є҆ктені́ю сїю̀:

Поми́луй на́съ, бж҃е, по вели́цѣй ми́лости твое́й, мо́лимъ ти сѧ, ᲂу҆слы́ши и҆ поми́луй.

Ли́къ: Гдⷭ҇и, поми́луй, три́жды.

There is no litany, but immediately: Lord, I have cried . . . with four stichera. Glory . . . both now . . . Theotokion.

After the conclusion of the stichera the people [read]: O Gentle Light. After this vesperal hymn, the priest says the prokeimenon of the day, with its verses, before the royal gates.

Reader: Vouchsafe, O Lord . . . and the Aposticha. Glory . . . both now . . . Theotokion.
And: Now lettest Thou Thy servant . . .

After the Trisagion and the exclamation, the troparion of the feast.

Afterward the priest says this litany:

Have mercy on us, O God, according to Thy great mercy, we pray Thee, hearken and have mercy.
Choir: Lord, have mercy. Thrice.

Є҆щѐ мо́лимсѧ ѡ҆ вели́комъ господи́нѣ и҆ ѻ҆тцѣ̀ на́шемъ ст҃ѣ́йшемъ патрїа́рсѣ и҆́м҃рекъ, и҆ ѡ҆ господи́нѣ на́шемъ высокопреѡсщ҃е́ннѣйшемъ митрополі́тѣ и҆́м҃рекъ, первоїера́рсѣ рꙋ́сскїѧ зарꙋбе́жныѧ цр҃кве, и҆ ѡ҆ господи́нѣ на́шемъ высокопреѡсщ҃е́ннѣйшемъ а҆рхїепі́скопѣ [и҆лѝ преѡсвѧщеннейшемъ є҆пі́скопѣ] и҆́м҃рекъ, и҆ ѡ҆ всей во хрⷭ҇тѣ̀ бра́тїи на́шей.

Ли́къ: Гдⷭ҇и, поми́лꙋй, три́жды.

Є҆щѐ мо́лимсѧ ѡ҆ странѣ̀ се́й, прави́телехъ и҆ во́инствѣ є҆ѧ̀, ѡ҆ бг҃охрани́мѣй странѣ̀ рѡссі́йстѣй и҆ правосла́вныхъ лю́дехъ є҆ѧ̀ во ѻ҆те́чествїи и҆ разсѣ́ѧнїи сꙋ́щихъ и҆ ѡ҆ сп҃се́нїи и҆́хъ, и҆ ѡ҆ є҆́же гдⷭ҇ꙋ бг҃ꙋ на́шемꙋ и҆зба́вити лю́ди своѧ̑ ѿ вра́гъ ви́димыхъ и҆ неви́димыхъ.

Ли́къ: Гдⷭ҇и, поми́лꙋй, три́жды.

Є҆щѐ мо́лимсѧ за всю̀ бра́тїю и҆ за всѧ̑ хрⷭ҇тїа́ны.

Ли́къ: Гдⷭ҇и, поми́лꙋй, три́жды.

Again we pray for our great lord and father, the Most Holy Patriarch N.; for our lord the Very Most Reverend Metropolitan N., First Hierarch of the Russian Church Abroad; for our lord the Most Reverend Archbishop [or Right Reverend Bishop] N.; and for all our brethren in Christ.

Choir: Lord, have mercy. Thrice.

Again we pray for this land, its authorities and armed forces, for the God-preserved Russian Land and its Orthodox people both in the homeland and in the Diaspora, and for their salvation, and that the Lord our God may deliver His people from enemies visible and invisible.

Choir: Lord, have mercy. Thrice.

Again we pray for all the brethren and for all Christians.

Choir: Lord, have mercy. Thrice.

Возгла́съ:

Ꙗ҆́кѡ млⷭ҇тивъ и҆ чл҃вѣколю́бецъ бг҃ъ є҆сѝ, и҆ тебѣ̀ сла́вꙋ возсыла́емъ, ѻ҆ц҃ꙋ̀ и҆ сн҃ꙋ и҆ ст҃о́мꙋ дх҃ꙋ, ны́нѣ и҆ при́снѡ и҆ во вѣ́ки вѣкѡ́въ.

Ли́къ: А҆ми́нь.

Сщ҃е́нникъ: Сла́ва тебѣ̀, хрⷭ҇тѐ бж҃е, ᲂу҆пова́нїе на́ше, сла́ва тебѣ̀.

Ли́къ: Сла́ва, и҆ ны́нѣ: Гдⷭ҇и, поми́лꙋй, три́жды. Благословѝ.

Сщ҃е́нникъ твори́тъ ѿпꙋ́стъ ма́лый:

Хрⷭ҇то́съ и҆́стинный бг҃ъ на́шъ, моли́твами пречи́стыѧ своеѧ̀ мт҃ре, прпⷣбныхъ и҆ бг҃оно́сныхъ ѻ҆тє́цъ на́шихъ, и҆ всѣ́хъ ст҃ы́хъ, поми́лꙋетъ и҆ спасе́тъ на́съ, ꙗ҆́кѡ бл҃гъ и҆ чл҃вѣколю́бецъ.

Ли́къ: А҆ми́нь.

Exclamation:

For a merciful God art Thou, and the Lover of mankind, and unto Thee do we send up glory, to the Father, and to the Son, and to the Holy Spirit, now and ever, and unto the ages of ages.

Choir: Amen.

Priest: Glory to thee, O Christ God, our hope, glory to Thee.

Choir: Glory . . . both now . . . Lord, have mercy, Thrice. Bless.

The priest makes the lesser dismissal:

May Christ, our true God, through the intercessions of His most pure Mother, of our holy and Godbearing fathers, and of all the saints, have mercy on us and save us, for He is good and the Lover of mankind.

Choir: Amen.

Послѣ́дованїе всено́щнагѡ бдѣ́нїѧ.

Пре́дъ нача́ломъ всено́щнагѡ бдѣ́нїѧ свѧще́нникъ возлага́етъ на сѧ̀ ѐпїтрахи́ль и҆ фело́нь и҆ кади́тъ ст҃ꙋ́ю трапе́зꙋ, же́ртвенникъ и҆ ве́сь ѻ҆лта́рь, въ предше́ствїи дїа́кона со свѣще́ю и҆схо́дитъ и҆з̾ ѻ҆лтарѧ̀ и҆ вмѣ́стѣ съ ни́мъ кади́тъ ст҃ы̑ѧ врата̀, и҆ і҆кѡ́ны мѣ́стныѧ, пра́здника и҆ хра́ма. Та́же ста́въ пре́дъ ст҃ы́ми враты, возглаша́етъ дїа́конъ:

Воста́ните. Гдⷭ҇и, бл҃гословѝ.

І҆ере́й же пре́дъ ст҃о́ю трапе́зою, начерта́ваѧй крⷭ҇тъ съ кади́льницею глаго́летъ:

Сла́ва ст҃ѣ́й, и҆ є҆диносꙋ́щнѣй, и҆ животворѧ́щей, и҆ нераздѣ́льнѣй тр҃цѣ, всегда̀, ны́нѣ и҆ при́снѡ и҆ во вѣ́ки вѣкѡ́въ.

Ли́къ: А҆ми́нь.

Прїиди́те, поклони́мсѧ цр҃ви на́шемꙋ бг҃ꙋ.
Прїиди́те, поклони́мсѧ и҆ припаде́мъ хрⷭ҇тꙋ̀, цр҃ви на́шемꙋ бг҃ꙋ.

The Order of the All-Night Vigil

Before beginning the All-Night Vigil the priest vests himself in epitrachelion and phelonion, and censes the Holy Table, the prothesis, and the whole sanctuary; and, preceded by the deacon with a candle, goes out of the altar and together with him censes the holy doors, the icons of the Pantocrator, of the Theotokos, of the feast, and of the temple. Then the deacon, having stood before the holy doors, exclaims:

Arise! O Lord, bless!

And the priest, making the sign of the Cross with the censer before the Holy Table, says:

Glory to the holy, and consubstantial, and life-creating, and indivisible Trinity, always, now and ever, and unto the ages of ages.

Choir: Amen.

O come, let us worship God our King.

O come, let us worship and fall down before Christ, our King and God.

Пріиди́те, поклони́мсѧ и҆ припаде́мъ самомꙋ̀ хрⷭ҇тꙋ̀, цр҃ю̀ и҆ бг҃ꙋ на́шемꙋ.

Та́же высоча́йшимъ гла́сомъ: Пріиди́те, поклони́мсѧ и҆ припаде́мъ є҆мꙋ̀.

И҆ пою́тъ: Бл҃гословѝ, дꙋшѐ моѧ̀, гдⷭ҇а: ѡ҆предѣле́нныѧ стїхи̑.

Їере́й же ѡ҆кади́въ съ дїа́кономъ всю̀ цр҃ковь по ѻ҆бы́чаю, и҆ покади́въ престо́лъ, и҆схо́дитъ въ є҆пїтрахи́ли пред̾ ст҃ы̑ѧ врата̀ и҆ чте́тъ по ѻ҆бы́чаю свѣти́льничныѧ мл҃твы. Дїа́конъ глаго́летъ вели́кꙋю є҆ктенїю̀, а҆ по а҃-мъ а҆нтїфѡ́нѣ: Блаже́нъ мꙋ́жъ: и҆ ма́лꙋю є҆ктенїю̀, и҆ пою́тъ: Гдⷭ҇и, воззва́хъ: и҆ быва́етъ вхо́дъ и҆ прокі́менъ днѐ по ѻ҆бы́чаю, ꙗ҆́коже на вече́рни.

По сконча́нїи же прокі́мна, дїа́конъ возглаша́етъ: Премꙋ́дрость. Чте́цъ и҆менꙋ́етъ чте́нїе. Дїа́конъ: Во́нмемъ. И҆ чтꙋ́тсѧ паре́мїи пра́здника. При чте́нїи паремі́й їере́й сѣди́тъ на го́рнѣмъ мѣ́стѣ,

O come, let us worship and fall down before Christ Himself, our King and God.

Then in a louder voice: O come, let us worship and fall down before Him.

And the choir chants: Bless the Lord, O my soul . . . and the designated verses.

The priest, having censed all the church with the deacon as usual, and having censed the Holy Table again, goes out in epitrachelion and reads the usual Lamp-lighting Prayers before the holy doors. The deacon says the Great Litany; and after the first antiphon, Blessed is the man, also the Small Litany, and they chant Lord, I have cried . . . and there is the entrance, and the prokeimenon of the day as usual at Vespers.

After the prokeimenon ends, the deacon exclaims: Wisdom! The reader names the reading. Deacon: Let us attend. And the Scripture readings for the feast are read. During the readings, the priest sits at the high place, not

не на среди́нѣ є҆гѡ̀, но съ ю҆́жныѧ стороны̀ ст҃а́гѡ престо́ла.

По́слѣ паремі́й глаго́лютсѧ ѿ дїа́кона є҆ктенїи̑: Рцє́мъ вси̑: и҆ И҆спо́лнимъ вече́рнюю: ѿ і҆ере́а же мл҃тва главопреклонє́нїѧ: Гд҇и бж҃е на́шъ: и҆ по возгла́сѣ: Бꙋ́ди держа́ва: Ли́къ: А҆ми́нь. И҆ и҆схо́димъ въ притво́ръ, соверша́юще лїті́ю, пою́ще стїхи́ры хра́ма и҆лѝ пра́здника. Поє́мымъ же стїхи́рамъ, сщ҃е́нникъ и҆ дїа́конъ съ кади́льницею и҆схо́дѧтъ вкꙋ́пѣ сѣ́верною страно́ю, преди́дꙋтъ же и҆̀ма со двѣма̀ лампа́дома, ст҃ы́мъ же две́ремъ затворє́ннымъ сꙋ́щымъ, та́мѡ кади́тъ дїа́конъ ст҃ы̑ѧ і҆ко́ны, и҆ настоѧ́тела, и҆ ли́ки по чи́нꙋ, сконча́вшымсѧ же стїхи́рамъ, глаго́летъ дїа́конъ мл҃твы сїѧ̑:

in the center, but on the southern side of the Holy Table.

After the Scripture readings, the deacon says the litanies, Let us all say . . . and Let us complete our evening prayer . . . and the priest says the Prayer at the Bowing of Heads: O Lord our God . . . and after the exclamation: Blessed and most glorified be the dominion . . . the choir says Amen. And we go out to the narthex, performing the Litia, chanting the sticheron of the temple or of the feast. During the chanting of the stichera, the priest and deacon with the censer go out of the sanctuary together by the northern side, with two candle-bearers preceding them, the holy doors being closed. There the deacon censes the holy icons, and the superior, and the choirs in their order, and when the stichera are finished, the deacon says these prayers:

Спаси̑, бж҃е, лю́ди твоѧ̑ и҆ блгⷭ҇ловѝ достоѧ́ніе твоѐ, посѣтѝ мі́ръ тво́й млⷭ҇тїю и҆ щедро́тами, возвы́си ро́гъ хрⷭ҇тїа́нъ правосла́вныхъ и҆ низпослѝ на ны̀ млⷭ҇ти твоѧ̑ бога́тыѧ: мл҃твами всепречⷭ҇тыѧ влⷣчцы на́шеѧ бцⷣы и҆ приснодв҃ы мрⷭ҇і́и: си́лою чⷭ҇тна́гѡ и҆ животворѧ́щагѡ крⷭ҇та̀: предста́тельствы честны́хъ нбⷭ҇ныхъ си́лъ безпло́тныхъ: честна́гѡ сла́внагѡ прⷪ҇ро́ка, прⷣте́чи и҆ крⷭ҇ти́телѧ і҆ѡа́нна: ст҃ы́хъ сла́вныхъ и҆ всехва́льныхъ а҆пⷭ҇лъ: [А҆́ще па́мѧть є҆ди́нагѡ ѿ двана́десѧти а҆пⷭ҇лъ и҆лѝ є҆ѵⷢ҇лі́стѡвъ глаго́летсѧ: ст҃а́гѡ а҆пⷭ҇ла и҆ є҆ѵⷢ҇лі́ста и҆́мкъ и про́чихъ ст҃ы́хъ сла́вныхъ и҆ всехва́льныхъ а҆пⷭ҇лъ:]: и҆́же во ст҃ы́хъ ѻ҆тє́цъ на́шихъ и҆ вселе́нскихъ вели́кихъ ѹ҆чи́телей и҆ ст҃и́телей, васі́лїа вели́кагѡ, григо́рїа бг҃осло́ва и҆ і҆ѡа́нна зла-тоѹ́стагѡ: и҆́же во ст҃ы́хъ ѻ҆тца̀ на́шегѡ нїкола́а, а҆рхїеп҇кпа мѵ̑рлѷкі́йскихъ, чꙋдо-тво́рца: ст҃ы́хъ равноа҆пⷭ҇льныхъ меѳо́дїа и҆ кѵ̑рі́лла, ѹ҆чи́телей словє́нскихъ: ст҃а́гѡ

Save, O God, Thy people, and bless Thine inheritance; visit Thy world with mercy and compassions; exalt the horn of Orthodox Christians, and send down upon us Thine abundant mercies: through the intercessions of our immaculate Lady Theotokos and Ever-Virgin Mary; through the power of the precious and life-giving Cross; through the mediations of the honorable, heavenly Bodiless Hosts; of the honorable, glorious Prophet, Forerunner, and Baptist John; of the holy, glorious, and all-praised apostles (but if there be commemorated one of the Twelve Apostles or the Evangelists, it is said: of the holy Apostle and Evangelist N., and the other holy, glorious, and all-praised apostles); of our fathers among the saints, and great ecumenical teachers and hierarchs: Basil the Great, Gregory the Theologian, and John Chrysostom; of our father among the saints, Nicholas the Wonderworker, Archbishop of Myra in Lycia; of the holy Equals-of-the-

бл҃говѣ́рнагѡ и҆ равноап҃льнагѡ вели́кагѡ кнѧ́зѧ влади́мїра, и҆ бл҃же́нныѧ кнагі́ни россі́йскїѧ ѻ҆́льги: и҆́же во ст҃ы́хъ ѻ҆те́цъ на́шихъ всеѧ̀ рѡссі́и чꙋдотво́рцєвъ: мїха́ила, петра̀, а҆леѯі́а, і҆ѡ́ны, фїлі́ппа, є҆рмоге́на, мака́рїа, дими́трїа, митрофа́на, тї́хѡна, ѳеодо́сїа, і҆ѡаса́фа, питири́ма, і҆нноке́нтїа и҆ і҆ѡа́нна: ст҃ы́хъ сщ҃енном҃чнкѡвъ и҆ и҆сповѣ́дникѡвъ: тї́хѡна, патрїа́рха моско́вскагѡ, влади́мїра кі́евскагѡ, венїамі́на и҆ і҆ѡ́сифа петрогра́дскихъ, петра̀ крꙋти́цкагѡ, кѵрі́лла каза́нскагѡ, а҆гаѳаггє́ла ꙗ҆росла́вскагѡ, а҆ндроні́ка пе́рмскагѡ, є҆рмоге́на тобо́льскагѡ, пресвѵ́терѡвъ: і҆ѡа́нна, і҆ѡа́нна, петра̀ и҆ фїлосо́фа, и҆ всѣ́хъ сщ҃енном҃чнкѡвъ но́выхъ и҆ и҆сповѣ́дникѡвъ цр҃кве рѡссі́йскїѧ: ст҃ы́хъ сла́вныхъ и҆ добропобѣ́дныхъ м҃чнкѡвъ: ст҃а́гѡ сла́внагѡ великом҃чнка побѣдоно́сца и҆ чꙋдотво́рца геѡ́ргїа: ст҃а́гѡ великом҃чнка и҆ цѣли́телѧ пантелеи́мона: ст҃ы́ѧ великом҃чницы варва́ры: ст҃ы́хъ

Apostles Methodius and Cyril, Teachers of the Slavs; of the holy Right-believing and Equal-of-the-Apostles Great Prince Vladimir, and the Blessed Great Princess of Russia, Olga; of our fathers among the saints, the Wonderworkers of All Russia: Michael, Peter, Alexis, Jonah, Philip, Macarius, Demetrius, Metrophanes, Tikhon, Theodosius, Joasaph, Hermogenes, Pitirim, Innocent, and John: of the holy Hieromartyrs and Confessors: Tikhon, Patriarch of Moscow, Vladimir of Kiev, Benjamin and Joseph of Petrograd, Peter of Krutitsa, Cyril of Kazan, Agathangel of Yaroslavl, Andronicus of Perm, Hermogenes of Tobolsk, the priests John, John, Peter, and Philosoph, and all the new hieromartyrs and confessors of the Russian Church; of the holy, glorious, and victorious martyrs: the holy, glorious Greatmartyr, Trophy-bearer and Wonderworker George; the holy Great-martyr and Healer Panteleimon; the holy Great-martyr Barbara; and the holy Right-believing Russian

бл҃говѣ́рныхъ, россі́йскихъ кнѧзе́й и҆ страстоте́рпцєвъ: бори́са, глѣ́ба и҆ і҆́гѡрѧ: и҆ ст҃ы́хъ бл҃говѣ́рныхъ страстоте́рпцєвъ: царѧ̀-мч҃нка ні́колаа, цари́цы а҆лєѯа́ндры, царе́вича а҆лєѯі́а, царе́венъ ѻ҆́льги, татїа́ны, марі́и и҆ а҆настасі́и, ст҃ы́хъ прпⷣбномч҃ницъ кнѧги́ни є҆лїсаве́ты и҆ і҆нокі́ни варва́ры и҆ всѣ́хъ новомч҃нкѡвъ россі́йскихъ: прпⷣбныхъ и҆ бг҃оно́сныхъ ѻ҆тє́цъ на́шихъ: а҆нтѡ́нїа и҆ ѳеодо́сїа кі́ево-печє́рскихъ, се́ргїа, и҆гꙋ́мена ра́донежскагѡ и҆ серафі́ма саро́вскагѡ, і҆ѡ́ва, и҆гꙋ́мена и҆ чꙋдотво́рца поча́евскагѡ, ст҃а́гѡ првⷣнагѡ і҆ѡа́нна кроншта́дтскагѡ, ст҃ы́ѧ бл҃же́нныѧ ѯе́нїи петербꙋ́ргскїѧ, прпⷣбныхъ и҆ бг҃оно́сныхъ ѻ҆тє́цъ на́шихъ: ге́рмана а҆лѧ́скинскагѡ, паи́сїа величко́вскагѡ, льва̀, мака́рїа, а҆мвро́сїа и҆ про́чихъ ста́рцєвъ ѻ҆́птинскихъ, ст҃и́телей і҆ннокє́нтїа моско́вскагѡ, ні́колаа ꙗ҆по́нскагѡ, і҆ѡа́нна шанха́йскагѡ и҆ санфранци́сскагѡ: и҆ ст҃а́гѡ и҆́мкъ, [є҆гѡ́же є҆́сть хра́мъ и҆ є҆гѡ́же є҆́сть де́нь], ст҃ы́хъ

Princes and Passion-bearers Boris, Gleb, and Igor; and the holy Right-believing Passion-bearers: Tsar Martyr Nicholas, Tsaritsa Alexandra, the Crown Prince Alexis, the Princesses Olga, Tatiana, Maria, and Anastasia, and the holy nun-martyrs Grand Duchess Elizabeth and Nun Barbara, and all the New Martyrs of Russia; of our venerable and God-bearing fathers: Anthony and Theodosius of the Kiev Caves; Sergius, the Abbot of Radonezh, and Seraphim of Sarov; Job, Abbot and Wonderworker of Pochaev; of the holy Righteous John of Kronstadt; of the holy Blessed Xenia of St Petersburg; of our venerable and God-bearing fathers: Herman of Alaska; Paisius Velichkovsky; Leo, Macarius, Ambrose, and the other Elders of Optina; of the holy hierarchs Innocent of Moscow, Nicholas of Japan, John of Shanghai and San Francisco; and of Saint N. (whose temple it is and whose day it is); of the holy and Righteous Ancestors of God, Joachim and Anna; and of all the saints; we

и҆ првⷣныхъ бг҃оѻ҆те́цъ і҆ѡакі́ма и҆ а҆́нны: и҆ всѣ́хъ ст҃ы́хъ: мо́лимъ тѧ̀, многомлⷭ҇тиве гдⷭ҇и, ᲂу҆слы́ши на́съ грѣ́шныхъ, молѧ́щихсѧ тебѣ̀, и҆ поми́лꙋй на́съ.

Ли́къ: Гдⷭ҇и, поми́лꙋй, м҃.

Є҆щѐ мо́лимсѧ ѡ҆ вели́комъ господи́нѣ и҆ ѻ҆тцѣ̀ на́шемъ ст҃ѣ́йшемъ патрїа́рсѣ и҆́мкъ, и҆ ѡ҆ господи́нѣ на́шемъ высоко-преѡсщ҃е́ннѣйшемъ митрополі́тѣ и҆́мкъ, первоїера́рсѣ ру́сскїѧ зарꙋбе́жныѧ цр҃кве, и҆ ѡ҆ господи́нѣ на́шемъ высоко-преѡсщ҃е́ннѣйшемъ а҆рхїеп҃кпѣ [и҆лѝ преѡсщ҃е́ннѣйшемъ е҆п҃кпѣ] и҆́мкъ, [а҆́ще же во ѻ҆би́тели: и҆ ѡ҆ а҆рхїмандрі́тѣ, и҆лѝ и҆гꙋ́менѣ на́шемъ и҆́мкъ]: и҆ ѡ҆ всѣ́мъ во хрⷭ҇тѣ̀ бра́тствѣ на́шемъ, и҆ ѡ҆ всѧ́кой дꙋшѝ хрⷭ҇тїа́нстѣй, скорбѧ́щей же и҆ ѡ҆ѕлобле́ннѣй, млⷭ҇ти бж҃їѧ и҆ по́мощи тре́бꙋющей: ѡ҆ покрове́нїи гра́да сегѡ̀ и҆ живꙋ́щихъ въ не́мъ [и҆лѝ ве́си сеѧ̀ и҆ живꙋ́щихъ въ не́й: и҆лѝ ст҃ы́ѧ ѻ҆би́тели сеѧ̀ и҆ живꙋ́щихъ въ не́й]: ѡ҆ ми́рѣ и҆ состоѧ́нїи всегѡ̀ мі́ра: ѡ҆ бл҃гостоѧ́нїи ст҃ы́хъ бж҃їихъ

pray Thee, O Lord plenteous in mercy, hearken unto us sinners that pray unto Thee, and have mercy on us.

Choir: Lord, have mercy. Forty times.

Again we pray for our great lord and father, the Most Holy Patriarch N.; for our lord the Very Most Reverend Metropolitan N., First Hierarch of the Russian Church Abroad; for our lord the Most Reverend Archbishop [or Right Reverend Bishop] N.; (if it be a monastery: and for our Archimandrite or Abbot N.), and for all our brotherhood in Christ, and for every Christian soul that is afflicted and tormented, in need of the mercy and help of God; for the protection of this city (or this village, or this holy monastery) and those that dwell therein; for the peace and welfare of the whole world; for the good estate of the holy churches of God; for the salvation and help of our fathers and brethren that labour with zeal and the fear of God; for them that are absent and abroad;

цр҃кве́й: ѡ҆ спасе́нїи и҆ по́мощи со тща́нїемъ и҆ стра́хомъ бж҃їимъ трꙋжда́ющихсѧ и҆ слꙋжа́щихъ ѻ҆те́цъ и҆ бра́тїй на́шихъ: ѡ҆ ѡ҆ста́вльшихсѧ и҆ во ѿше́ствїи сꙋ́щихъ: ѡ҆ и҆сцѣле́нїи въ не́мощехъ лежа́щихъ: ѡ҆ ᲂу҆спе́нїи, ѡ҆сла́бѣ, бл҃же́ннѣй па́мѧти и҆ ѡ҆ставле́нїи грѣхѡ́въ всѣ́хъ пре́жде ѿше́дшихъ ѻ҆те́цъ и҆ бра́тїй на́шихъ, зде̑ лежа́щихъ и҆ повсю́дꙋ, правосла́вныхъ: ѡ҆ и҆збавле́нїи плѣне́нныхъ, и҆ ѡ҆ бра́тїѧхъ на́шихъ во слꙋ́жбахъ сꙋ́щихъ, и҆ ѡ҆ всѣ́хъ слꙋжа́щихъ и҆ слꙋжи́вшихъ во ст҃ѣ́мъ хра́мѣ се́мъ [А҆́ще во ѻ҆би́тели: во ст҃ѣ́й ѻ҆би́тели се́й] рце́мъ:

Ли́къ: Гдⷭ҇и, поми́лꙋй, л҃.

Е҆щѐ мо́лимсѧ ѡ҆ странѣ̀ се́й, прави́телехъ и҆ во́инствѣ є҆ѧ̀, ѡ҆ бг҃охрани́мѣй странѣ̀ рѡссі́йстѣй и҆ правосла́вныхъ лю́дехъ є҆ѧ̀ во ѻ҆те́чествїи и҆ разсѣ́ѧнїи сꙋ́щихъ и҆ ѡ҆ сп҃се́нїи и҆́хъ, и҆ ѡ҆ є҆́же гдⷭ҇ꙋ бг҃ꙋ на́шемꙋ и҆зба́вити лю́ди своѧ̑ ѿ вра́гъ ви́димыхъ и҆ неви́димыхъ, рце́мъ.

Ли́къ: Гдⷭ҇и, поми́лꙋй, н҃.

for the healing of them that are bedridden in infirmities; for the repose, refreshment, blessed memory, and remission of sins of our fathers and brethren that have departed before us, and all the Orthodox here and everywhere laid to rest; for the deliverance of the imprisoned; and for our brethren that are serving, and for all that serve and have served in this holy temple (if in a monastery: in this holy monastery), let us say:
Choir: Lord, have mercy. Thirty times.

Again we pray for this land, its authorities and armed forces, for the God-preserved Russian Land and its Orthodox people both in the homeland and in the Diaspora, and for their salvation, and that the Lord our God may deliver His people from enemies visible and invisible, let us say:
Choir: Lord, have mercy. Fifty times.

Є҆щѐ мо́лимсѧ ѡ҆ є҆́же сохрани́тисѧ гра́дꙋ семꙋ̀ [и҆лѝ ве́си се́й], и҆ ст҃о́мꙋ хра́мꙋ семꙋ̀ [а҆́ще во ѻ҆би́тели: ст҃ѣ́й ѻ҆би́тели се́й], и҆ всѧ́комꙋ гра́дꙋ и҆ странѣ̀, ѿ гла́да, гꙋби́тельства, трꙋ́са, пото́па, ѻ҆гнѧ̀, мечà, нашє́ствїѧ и҆нопле́менникѡвъ и҆ междоусо́бныѧ бра́ни: ѡ҆ є҆́же млⷭ҇тивꙋ и҆ бл҃гоꙋвѣ́тливꙋ бы́ти бл҃го́мꙋ и҆ чл҃вѣколю́бивомꙋ бг҃ꙋ на́шемꙋ, ѿврати́ти всѧ́кїй гнѣ́въ на ны̀ дви́жимый, и҆ и҆зба́вити ны̀ ѿ належа́щагѡ и҆ пра́веднагѡ своегѡ̀ преще́нїѧ, и҆ поми́ловати ны̀.

Ли́къ: Гдⷭ҇и, поми́лꙋй, три́жды.

Є҆щѐ мо́лимсѧ, и҆ ѡ҆ є҆́же ᲂу҆слы́шати гдⷭ҇ꙋ бг҃ꙋ гла́съ моле́нїѧ на́съ грѣ́шныхъ, и҆ поми́ловати на́съ.

Ли́къ: Гдⷭ҇и, поми́лꙋй, три́жды.

Свѧще́нникъ: Ту҆слы́ши ны̀, бж҃е, сп҃телю на́шъ, ᲂу҆пова́нїе всѣ́хъ концє́въ землѝ, и҆ сꙋ́щихъ въ мо́ри дале́че и҆ млⷭ҇тивъ, млⷭ҇тивъ бꙋ́ди, влⷣко, ѡ҆ грѣсѣ́хъ на́шихъ и҆ поми́лꙋй ны̀. Ми́лостивъ бо и҆ чл҃вѣколю́бецъ бг҃ъ

Again we pray that this city (or this village), and this holy temple (if in a monastery: this holy monastery), and every city and country, may be preserved from famine, pestilence, earthquake, flood, fire, the sword, foreign invasion, and from civil war; that our good God, the Lover of mankind, may be gracious and favourable; that He may take away all the wrath stirred up against us, and deliver us from His righteous threatening which hangeth over us, and have mercy on us.
Choir: Lord, have mercy. Thrice.

Again we pray also that the Lord God may hearken unto the voice of the supplication of us sinners, and have mercy on us.
Choir: Lord, have mercy. Thrice.
Priest: Hearken unto us, O God our Saviour, Thou hope of all the ends of the earth and of them that be far off at sea; and be merciful, be merciful, O Master, regarding our sins, and have mercy on us; for a merciful God art

є҆сѝ, и҆ тебѣ̀ сла́вꙋ возсыла́емъ, ѻ҆ц҃ꙋ̀ и҆ сн҃ꙋ и҆ ст҃о́мꙋ дх҃ꙋ, ны́нѣ и҆ при́снѡ и҆ во вѣ́ки вѣкѡ́въ.

Ли́къ: А҆ми́нь.

Та́же ї҆ере́й: Ми́ръ всѣ̑мъ.

Ли́къ: И҆ дꙋ́хови твоемꙋ̀.

Дїа́конъ: Главы̑ на́шѧ гдⷭ҇еви прикло́нимъ.

Ли́къ: Тебѣ̀ гдⷭ҇и.

И҆ всѣ̑мъ прикло́ньшымъ главы̑, мо́литсѧ сщ҃е́нникъ велегла́снѡ:

Ꙗ҆́ко многоми́лⷭ҇тиве, гдⷭ҇и і҆и҃се хрⷭ҇тѐ бж҃е на́шъ, мл҃твами всепречⷭ҇тыѧ вл҃чцы на́шеѧ бцⷣы и҆ приснодв҃ы мр҃і́и: си́лою чⷭ҇тна́гѡ и҆ животворѧ́щагѡ крⷭ҇та̀: предста́тельствы чⷭ҇тны́хъ нбⷭ҇ныхъ си́лъ безпло́тныхъ: чⷭ҇тна́гѡ сла́внагѡ прⷪ҇ро́ка, прⷣте́чи и҆ крⷭ҇ти́телѧ і҆ѡа́нна: ст҃ы́хъ сла́вныхъ и҆ всехва́льныхъ а҆пⷭ҇лъ: и҆̀же во ст҃ы́хъ ѻ҆те́цъ на́шихъ и҆ вселе́нскихъ вели́кихъ ᲂу҆чи́телей и҆ ст҃и́телей, васі́лїа вели́кагѡ, григо́рїа бг҃осло́ва и҆ і҆ѡа́нна златоᲂу́стагѡ:

Thou, and the Lover of mankind, and unto Thee do we send up glory: to the Father, and to the Son, and to the Holy Spirit, now and ever, and unto the ages of ages.

Choir: Amen.

Then the priest: Peace be unto all.

Choir: And to thy spirit.

Deacon: Let us bow our heads unto the Lord.

Choir: To Thee, O Lord.

And as all bow their heads, the priest prays in a loud voice:

O Master plenteous in mercy, O Lord Jesus Christ our God: through the intercessions of our immaculate Lady Theotokos and Ever-Virgin Mary: through the power of the precious and life-giving Cross; through the mediations of the honorable, heavenly Bodiless Hosts; of the honorable, glorious Prophet, Forerunner, and Baptist John; of the holy glorious and all-praised apostles; of the holy, glorious and victorious martyrs; of our

и҆̀же во ст҃ы́хъ ѻ҆тца̀ на́шегѡ нїкола́а, а҆рхїеп҃кпа мѵ̑рлѵ̑кі́йскихъ, чꙋдотво́рца: ст҃ы́хъ равноа҆п҇льныхъ меѳо́дїа и҆ кѷрі́лла, ᲂу҆чи́телей слове́нскихъ: ст҃а́гѡ бл҃го- вѣ́рнагѡ и҆ равноа҆п҇льнагѡ вели́кагѡ кнѧ́зѧ влади́мїра, и҆ бл҃же́нныѧ кнѧги́ни рѡссі́йскїѧ ѻ҆́льги: и҆̀же во ст҃ы́хъ ѻ҆тє́цъ на́шихъ всеѧ̀ рѡссі́и чꙋдотво́рцєвъ: мїха́ила, петра̀, а҆лезі́а, і҆ѡ́ны, фїлі́ппа, є҆рмоге́на, мака́рїа, дими́трїа, митрофа́на, ті́хѡна, ѳеодо́сїа, і҆ѡаса́фа, питири́ма, і҆нноке́нтїа и҆ і҆ѡа́нна: ст҃ы́хъ сщ҃енно- мч҃нкѡвъ и҆ и҆сповѣ́дникѡвъ: ті́хѡна, патрїа́рха моско́вскагѡ, влади́мїра кі́ев- скагѡ, венїамі́на и҆ і҆ѡ́сифа петрогра́дскихъ, петра̀ крꙋти́цкагѡ, кѷрі́лла каза́нскагѡ, а҆гаѳа́ггела ꙗ҆росла́вскагѡ, а҆ндрони́ка пе́рм- скагѡ, є҆рмоге́на тобо́льскагѡ, пресвѵ́- терѡвъ: і҆ѡа́нна, і҆ѡа́нна, петра̀ и҆ фїлосо́фа, и҆ всѣ́хъ сщ҃енномч҃нкѡвъ но́выхъ и҆ и҆сповѣ́дникѡвъ цр҃кве рѡс-сі́йскїѧ: ст҃ы́хъ сла́вныхъ и҆ добропобѣ́дныхъ

holy and God-bearing fathers; of our fathers among the saints and great ecumenical teachers and hierarchs: Basil the Great, Gregory the Theologian, and John Chrysostom; of our father among the saints, Nicholas the Wonderworker, Archbishop of Myra in Lycia; of the holy Equals-of-the-Apostles Methodius and Cyril, Teachers of the Slavs; of the holy Right-believing and Equal-of-the-Apostles Great Prince Vladimir, and the Blessed Great Princess of Russia, Olga; of our fathers among the saints, the Wonderworkers of All Russia: Michael, Peter, Alexis, Jonah, Philip, Macarius, Demetrius, Metrophanes, Tikhon, Theodosius, Joasaph, Hermogenes, Pitirim, Innocent, and John; of the holy Hieromartyrs and Confessors: Tikhon, Patriarch of Moscow; Vladimir of Kiev, Benjamin and Joseph of Petrograd, Peter of Krutitsa, Cyril of Kazan, Agathangel of Yaroslavl, Andronicus of Perm, Hermogenes of Tobolsk, the priests John, John, Peter, and Philosoph, and all the new

мч҃никѡвъ: ст҃а́гѡ сла́внагѡ великомч҃ника побѣдоно́сца и҆ чꙋдотво́рца геѡ́ргїа: ст҃а́гѡ великомч҃ника и҆ цѣли́телѧ пантелеи́мона: ст҃ы́ѧ великомч҃ницы варва́ры: ст҃ы́хъ бл҃говѣ́рныхъ, рѡссі́йскихъ кнѧзе́й и҆ страстоте́рпцєвъ: бори́са, глѣ́ба и҆ і҆́гора: и҆ ст҃ы́хъ бл҃говѣ́рныхъ страстоте́рпцєвъ: царѧ̀-мч҃ника нїкола́а, цари́цы а҆леѯа́ндры, царе́вича а҆леѯі́а, цр҃е́венъ ѻ҆́льги, татїа́ны, марі́и и҆ а҆наста́сіи, ст҃ы́хъ прпⷣбномч҃ницъ кнѧги́ни є҆лїсаве́ты и҆ і҆нокі́ни варва́ры и҆ всѣ́хъ новомч҃никѡвъ рѡссі́йскихъ: прпⷣбныхъ и҆ бг҃оно́сныхъ ѻ҆тє́цъ на́шихъ: а҆нтѡ́нїа и҆ ѳеодо́сїа кі́єво-пече́рскихъ, се́ргїа, и҆гꙋ́мена ра́донежскагѡ и҆ серафі́ма саро́вскагѡ, і҆́ѡва, и҆гꙋ́мена и҆ чꙋдотво́рца поча́евскагѡ, ст҃а́гѡ првⷣнагѡ і҆ѡа́нна кроншта́дтскагѡ, ст҃ы́ѧ бл҃же́нныѧ ѯе́нїи петербꙋ́ргскїѧ, прпⷣбныхъ и бг҃оно́сныхъ ѻ҆тє́цъ на́шихъ: ге́рмана а҆лѧ́скинскагѡ, паи́сїа величко́вскагѡ, льва̀, мака́рїа, а҆мвро́сїа и҆ про́чихъ ста́рцєвъ ѻ҆́птинскихъ,

hieromartyrs and confessors of the Russian Church; of the holy, glorious, and victorious martyrs: the holy, glorious Great-martyr, Trophy-bearer, and Wonderworker George; the holy Great-martyr and Healer Panteleimon; the holy Great-martyr Barbara; and the holy Right-believing Russian Princes and Passion-bearers Boris, Gleb, and Igor; and the holy Right-believing Passion-bearers: Tsar Martyr Nicholas, Tsaritsa Alexandra, the Crown Prince Alexis, the Princesses Olga, Tatiana, Maria, and Anastasia, and the holy nun-martyrs Grand Duchess Elizabeth and Nun Barbara, and all the New Martyrs of Russia; of our venerable and God-bearing fathers: Anthony and Theodosius of the Kiev Caves; Sergius, the Abbot of Radonezh, and Seraphim of Sarov; Job, Abbot and Wonderworker of Pochaev; of the holy Righteous John of Kronstadt; of the holy Blessed Xenia; of our venerable and God-bearing fathers: Herman of Alaska; Paisius Velichkovsky; Leo, Macarius, Ambrose, and

ст҃ѝтелей і҆нноке́нтїа моско́вскагѡ, нїкола́а ꙗ҆по́нскагѡ, і҆ѡа́нна шанха́йскагѡ и҆ санъ-франци́сскагѡ: и҆ ст҃а́гѡ и҆́мкъ, [є҆гѡ́же є҆́сть хра́мъ и҆ є҆гѡ́же є҆́сть де́нь], ст҃ы́хъ и҆ првⷣ҇ныхъ бг҃оѻтє́цъ і҆ѡакі́ма и҆ а҆́нны, и҆ всѣ́хъ ст҃ы́хъ твои́хъ: бл҃гопрїѧ́тнꙋ сотворѝ мл҃твꙋ на́шꙋ, да́рꙋй на́мъ ѡ҆ставле́нїе прегрѣше́нїй на́шихъ, покры́й на́съ кро́вомъ крилꙋ̀ твоє́ю, ѿженѝ ѿ на́съ вса́каго врага̀ и҆ сꙋпоста́та: ᲂу҆мирѝ на́шꙋ жи́знь, гдⷭ҇и: поми́лꙋй на́съ, и҆ мі́ръ тво́й: и҆ сп҃сѝ дꙋ́шы на́шѧ, ꙗ҆́кѡ бл҃гъ и҆ чл҃вѣколю́бецъ.

Ли́къ: А҆ми́нь.

Та́же начина́емъ стїхи̑ры стїхѡ́вны, и҆ пою́щїе вхо́димъ во хра́мъ. Сла́ва, и҆ нн҃ѣ: бг҃оро́диченъ.

Та́же: Нн҃ѣ ѿпꙋща́еши: Трис҃то́е.

По Ѻ҆́ч҃е на́шъ:

the other Elders of Optina; of the holy hierarchs Innocent of Moscow, Nicholas of Japan, John of Shanghai and San Francisco; and Saint N. (whose temple it is and whose day it is); of the holy and Righteous Ancestors of God, Joachim and Anna; and of all Thy saints; make our prayer acceptable; grant us the remission of our sins, shelter us with the shelter of Thy wings; drive away from us every enemy and adversary; make our life peaceful, O Lord; have mercy on us and on Thy world, and save our souls, for Thou art good and the Lover of mankind.

Choir: Amen.

Then we begin the stichera of the Aposticha, and chanting we enter the temple. Glory, both now: Theotokion.

Then: Now lettest Thou Thy servant . . .
Trisagion to Our Father . . .

Возглаша́етъ сщ҃е́нникъ:

Ꙗ҆́кѡ твоѐ є҆́сть црⷭ҇тво, и҆ си́ла, и҆ сла́ва, Ѻ҆ц҃а̀ и҆ сн҃а и҆ ст҃а́гѡ дх҃а, ны́нѣ и҆ при́снѡ и҆ во вѣ́ки вѣкѡ́въ.

Ли́къ: А҆ми́нь.

И҆ мы̀ тропа́рь пра́здника глаго́лемъ три́жды. Предлага́ютсѧ же на ᲂу҆гото́ваннѣмъ столѣ̀ ра́ди бл҃гослове́нїѧ пѧ́ть хлѣ́бѡвъ, пшени́ца, и҆ два̀ сосꙋ́да на сїѐ ᲂу҆стро́єнныѧ, є҆ди́нъ и҆спо́лненъ вїна̀ ѿ плода̀ ло́знагѡ, дрꙋгі́й же є҆ле́а. Дїа́конъ же кади́тъ ѡ҆́крестъ стола̀, и҆ і҆ере́а то́кмѡ. І҆ере́й же, взе́мъ є҆ди́нъ хлѣ́бъ зна́менꙋетъ и҆́мъ про́чыѧ хлѣ́бы и҆ глаго́летъ мл҃твꙋ сїю̀ велегла́снѡ: є҆гда̀ же глаго́летъ: Са́мъ бл҃гословѝ: тогда̀ десни́цею ᲂу҆казꙋ́етъ на предложє́нныѧ хлѣ́бы, пшени́цꙋ, вїно̀ и҆ є҆ле́й.

The priest exclaims:

For Thine is the kingdom, and the power, and the glory, of the Father, and of the Son, and of the Holy Spirit, now and ever, and unto the ages of ages.

Choir: Amen.

And we say the troparion of the feast, Thrice. There are placed on a prepared table for the blessing five loaves of bread, wheat, and two vessels arranged for this, one filled with wine of the fruit of the vine, and the other with oil. The deacon censes round about the table, and the priest only. The priest, taking one of the breads, makes the sign of the Cross over the other breads with it and says this prayer in a loud voice; and when he says: Do Thou Thyself bless, then with his right hand he pointeth to the bread, wheat, wine, and oil that have been set forth.

Гдⷭ҇и ї҆и҃се хрⷭ҇тѐ бж҃е на́шъ, бл҃гослови́вый пѧ́ть хлѣ́бѡвъ и҆ пѧ́ть ты́сѧщъ насы́тивый, са́мъ бл҃гословѝ и҆ хлѣ́бы сїѧ̑, пшени́цꙋ, вїно̀ и҆ є҆ле́й: и҆ ᲂу҆мно́жи сїѧ̑ во гра́дѣ се́мъ [и҆лѝ въ ве́си се́й, и҆лѝ во ст҃ѣ́й ѻ҆би́тели се́й] и҆ во все́мъ мі́рѣ твое́мъ: и҆ вкꙋша́ющыѧ ѿ ни́хъ вѣ̑рныѧ ѡ҆ст҃ѝ. Ꙗ҆́кѡ ты̀ є҆сѝ бл҃гословлѧ́ѧй и҆ ѡ҆ст҃ѧ́ѧй всѧ̑ческаѧ, хрⷭ҇тѐ бж҃е на́шъ, и҆ тебѣ̀ сла́вꙋ возсыла́емъ, со безнача́льнымъ твои́мъ ѻ҆ц҃е́мъ, и҆ всест҃ы́мъ и҆ бл҃ги́мъ и҆ животворѧ́щимъ твои́мъ дх҃омъ, ны́нѣ и҆ при́снѡ и҆ во вѣ́ки вѣкѡ́въ.

Ли́къ: А҆ми́нь.

И҆ по а҆ми́нь, а҆́бїе:

Бꙋ́ди и҆́мѧ гдⷭ҇не бл҃гослове́но ѿ ны́нѣ и҆ до вѣ́ка. Три́жды.

И҆ глаго́лемъ:

Бл҃гословлю̀ гдⷭ҇а на всѧ́кое вре́мѧ: да́же до Не лиша́тсѧ всѧ́кагѡ бл҃га.

O Lord Jesus Christ our God, Who didst bless the five loaves and didst satisfy the five thousand: Do Thou Thyself bless also these loaves, wheat, wine, and oil; and multiply them in this city (or in this village, or in this holy monastery) and in all Thy world; and sanctify the faithful that partake of them. For it is Thou that dost bless and sanctify all things, O Christ our God, and unto Thee do we send up glory, together with Thine unoriginate Father, and Thine all-holy and good and life-creating Spirit, now and ever, and unto the ages of ages.

Choir: Amen.

And after the Amen, immediately:

Blessed be the name of the Lord, from this time forth and for evermore. Thrice.

And we say:

I will bless the Lord at all times . . . through . . . shall want no manner of thing that is good.

Сщ҃е́нникъ же ѿше́дъ стои́тъ пре́дъ ст҃ы́ми две́рьми.

По исполне́нїи же ѱалма̀, сщ҃е́нникъ къ наро́дꙋ глаго́летъ:

Бл҃гослове́нїе гдⷭ҇не на ва́съ, тогѡ̀ бл҃годⷬ҇тїю и҆ чл҃вѣколю́бїемъ, всегда̀, нн҃ѣ и҆ при́снѡ и҆ во вѣ́ки вѣкѡ́въ.

Ли́къ: А҆ми́нь.

И҆ а҆́бїе полага́етсѧ чте́нїе.

Та́же, чте́цъ: Сла́ва въ вы́шнихъ бг҃ꙋ, три́жды, и҆ Гдⷭ҇и, ᲂу҆стнѣ̀ мои̑ ѿве́рзеши, два́жды, и҆ глаго́летъ шестоѱа́лмїе.

По трїе́хъ же ѱалмѣ́хъ і҆ере́й ѡ҆бы́чнѡ глаго́летъ пре́дъ ст҃ы́ми две́рьми ᲂу҆́тренніѧ мл҃твы, не покрове́нъ. Та́же дїа́конъ є҆ктенїю̀ вели́кꙋю и҆ Бг҃ъ гдⷭ҇ь: посе́мъ чита́етсѧ ѱалти́рь. По каѳі́смахъ є҆ктенї̑и ма̑лыѧ и҆ возгла́сы по ѡ҆бы́чаю, та́же пое́тсѧ поліе́лей: Хвали́те и҆́мѧ гдⷭ҇не: и҆ И҆сповѣ́дайтесѧ гдⷭ҇еви: Поемꙋ же

And the priest, having gone forward, stands before the holy doors.

When the psalm is finished, the priest says to the people:

The blessing of the Lord be upon you, through His grace and love for mankind, always, now and ever, and unto the ages of ages.
Choir: Amen.

And immediately the appointed reading.

Then, the reader: Glory to God in the highest . . . Thrice, and O Lord, Thou shalt open my lips, Twice, and he says the Six Psalms. After three psalms the priest says the Morning Prayers before the holy doors as usual, bareheaded. Then the deacon says the Great Litany and God is the Lord; after this the Psalter is read. After the kathismata the Small Litanies and exclamations as usual, then the Polyeleos is chanted: O praise ye the Name of the Lord . . . (Ps. 134) and O give

полѷеле́ю, полага́етсѧ на а҆нало́гїи средѝ цр҃кве ї҆кѡ́на пра́здника, настоѧ́тель же и҆ сщ҃еннослꙋжи́тели, и҆зше́дше и҆з̾ ѻ҆лтарѧ̀ цр҃кими врата́ми и҆ ста́вше пред̾ ст҃о́ю ї҆кѡ́ною, по сконча́нїи полѷеле́а, пою́тъ велича́нїе пра́здника є҆ди́ножды, а҆ посе́мъ ѻ҆́ба ли́ка, мно́гажды, и҆ кади́тъ настоѧ́тель съ дїа́кономъ пе́рвѣе ї҆кѡ́нꙋ пра́здника на а҆нало́гїи, та́же и҆́детъ въ ѻ҆лта́рь и҆ кади́тъ ст҃ꙋ́ю трапе́зꙋ, ве́сь ѻ҆лта́рь и҆ мѣ́стныѧ ї҆кѡ́ны въ хра́мѣ, та́же сщ҃еннослꙋжи́телей по ѻ҆бѣ́имъ страна́мъ, ѻ҆́ба ли́ка, ве́сь хра́мъ и҆ наро́дъ и҆ па́ки ст҃ы̑ѧ две́ри, мѣ́стныѧ ї҆кѡ́ны и҆ ї҆кѡ́нꙋ пра́здника на а҆нало́гїи, посе́мъ па́ки пою́тъ сщ҃еннослꙋжи́тели велича́нїе є҆ди́ножды. Та́же глаго́летсѧ ѿ дїа́кона є҆ктенї̀а ма́лаѧ, и҆ пою́тсѧ сѣда́льны пра́здника, пото́мъ прокі́менъ и҆ чте́тъ настоѧ́тель є҆ѵⷢ҇лїе посредѣ̀ це́ркве. По прочте́нїи же є҆ѵⷢ҇лїа ли́къ пое́тъ стїхи́рꙋ пра́здника. Дїа́конъ глаго́летъ: Спасѝ,

thanks unto the Lord . . . (Ps 135). During the chanting of the polyeleos, the icon of the feast is placed on an analogion in the center of the church, and the celebrant and concelebrating clergy, having come forth from the altar through the royal gates and having stood before the holy icon, chant, at the conclusion of the polyeleos, the magnification of the feast once, and then both choirs chant it repeatedly, while the priest with the deacon first censes the icon of the feast on the analogion, then goes into the altar and censes the Holy Table, the whole altar and the iconostasis, then the concelebrating clergy in the order of their rank, both choirs, the whole temple, and the people, and again the holy doors, the adjacent icons and the icon of the feast on the analogion. After that the concelebrating clergy again chant the magnification once. Then the Small Litany is said by the deacon, and the sessional hymns of the feast are

бж҃е, лю́ди твоѧ̑: Настоѧ́тель, возгла́съ: Млⷭ҇тїю и҆ щедро́тами: По се́мъ цѣлꙋ́етъ і҆кѡ́нꙋ пра́здника на а҆нало́гїи, та́кожде и҆ всѝ сщ҃еннослꙋжи́тели, и҆ ѿхо́дѧтъ во ѻ҆лта́рь и҆ снима́ютъ сщ҃е́нныѧ ѻ҆де́жды. По ѡ҆конча́нїи же канѡ́на, а҆́ще нѣ́сть недѣ́лѧ, возглаше́нїѧ: Ст҃ъ гдⷭ҇ь бг҃ъ на́шъ: не быва́етъ, про́чее же всѐ соверша́етсѧ, ꙗ҆́коже въ воскре́сной ᲂу҆́трени пока́зано, то́чїю глаго́летсѧ ѿпꙋ́стъ пра́здника, а҆́ще поло́женъ.

Вѣ́домо же бꙋ́ди, ꙗ҆́кѡ бл҃гослове́нный хлѣ́бъ є҆́сть помога́тельный ѿ всѧ́кихъ ѕѡ́лъ, а҆́ще съ вѣ́рою прїе́млетсѧ.

Оу҆ в ѣ щ а́ н ї е:

И҆ сїе̑ тебѣ̀ вѣ́домо бꙋ́ди, ѽ і҆ере́е! и҆ блюдѝ, да сохрани́ши: є҆ле́й се́й бл҃гослове́нный

chanted, followed by the prokeimenon, and the priest reads the Gospel in the center of the church. After the reading of the Gospel the choir chants the sticheron of the feast. The deacon says: Save, O God, Thy people . . . the priest says the exclamation: Through the mercies and compassions . . . After that, he venerates the icon of the feast on the analogion, as also all the concelebrating clergy, and they go into the altar and remove their sacred vestments. When the canon is finished, if it be not Sunday, there is no exclamation: Holy is the Lord our God . . . , but all the rest is performed as shown in the Sunday Matins, except that the dismissal of the feast is said if it be appointed.

Be it known that blessed bread is helpful against all evils, if it be received with faith.

Admonition:

And be this known unto thee, O Priest! and take care that it be observed: let not this blessed

второ́е да не бл҃гослови́ши, ни вїно̀, ни пшени́цꙋ, нижѐ хлѣ́бы на вторѣ́мъ бдѣ́нїи: но а҆́ще ве́льми ма́лѡ, нѡ́ваѧ не ѹ҆ бл҃гослове́ннаѧ представлѧ́й. Е҆ле́емъ же си́мъ, є҆го́же бл҃гослови́лъ є҆сѝ, на цѣлова́нїи ѡ҆́браза лю́ди зна́менай: мо́жеши и҆ во бра́шнахъ снѣ́сти: вїно́ же и҆спи́ти со бл҃гоговѣ́нїемъ, ѡ҆ба́че ꙗ҆́коже бл҃гослове́ннаѧ. Хлѣ́бы же на раздаѧ́нїи дѡры̀ раздроби́въ раздава́й, и҆лѝ въ до́мꙋ че́стнѡ на трапе́зѣ пре́жде ѡ҆́бщихъ бра́шенъ ꙗ҆́ждь: пшени́цꙋ же и҆лѝ сѣ́й, и҆лѝ со и҆но́ю и҆змелѝ, и҆ со бл҃годаре́нїемъ и҆ждивѝ. Лїтꙋрги́сати же си́ми хлѣ́бами, и҆лѝ вїно́мъ, да не дерзне́ши по пра́вилꙋ номоканѡ́нномꙋ ѡ҆ сщ҃еннодѣ́йствїи.

oil be blessed a second time, nor the wine, nor wheat, nor bread at another vigil; but if there be very little of it, present the new ones, not those that were already blessed. But with this oil which thou hast blessed, anoint the people when they venerate the icon; it may also be eaten with food; the wine may be drunk with reverence, keeping in mind that it hath been blessed. And having cut up the loaves of bread, distribute it at the distribution of the bread or partake of them honorably at home during meals before the common food. Do thou sow the wheat or grind it with other wheat and consume it with thanksgiving. And thou darest not to serve liturgy with these loaves or wine, in accordance with the canon in the Nomocanon concerning the liturgical ministry.

Во ст҃ѣ́й четыредесѧ́тницѣ.

На вели́комъ повече́рїи по́слѣ сѷмво́ла вѣ́ры, глаго́лютсѧ сті́хи сї́ѧ:

Прест҃а́ѧ вл҃чце бцⷣе, моли̂ ѡ҆ на́съ грѣ́шныхъ.

Всѧ̂ нбⷭ҇ныѧ си́лы, ст҃ы́хъ а҆́гг҃лъ и҆ а҆рхⷶгг҃лъ, моли́те ѡ҆ на́съ грѣ́шныхъ.

Ст҃ы́й і҆ѡа́нне, прⷪ҇ро́че и҆ прⷣте́че и҆ крⷭ҇ти́телю гдⷭ҇а на́шегѡ і҆и҃са хрⷭ҇та̀, моли̂ ѡ҆ на́съ грѣ́шныхъ.

Ст҃і́и сла́внїи а҆пⷭ҇ли, прⷪ҇ро́цы и҆ мч҃ницы и҆ всѝ ст҃і́и, моли́те ѡ҆ на́съ грѣ́шныхъ.

Прⷣбнїи и҆ бг҃оно́снїи ѻ҆тцы̀ на́ши, па́стырїе и҆ ᲂу҆чи́телїе вселе́нныѧ, моли́те ѡ҆ на́съ грѣ́шныхъ.

Прⷣбнїи и҆ бг҃оно́снїи ѻ҆тцы̀ на́ши а҆нтѡ́нїе и҆ ѳеодо́сїе, и҆ про́чїи чꙋдотво́рцы пече́рстїи, моли́те ѡ҆ на́съ грѣ́шныхъ.

Здѣ́ же глаго́летсѧ и҆ ст҃ы́й хра́ма.

During the Holy Forty Days of Lent

At Great Compline, after the Symbol of Faith, these verses are said:

O Most Holy Lady Theotokos, pray for us sinners.

All ye Heavenly Hosts of holy Angels and Archangels, pray for us sinners.

O Holy John, Prophet and Forerunner and Baptist of our Lord Jesus Christ, pray for us sinners.

O holy glorious Apostles, Prophets, and Martyrs, and all the Saints, pray for us sinners.

Our venerable and God-bearing fathers, pastors and ecumenical teachers, pray for us sinners.

Our venerable and God-bearing fathers Anthony and Theodosius, and the other wonderworkers of the Caves, pray for us sinners.

Here we also commemorate the Saint(s) whose temple it is.

Непобѣди́маѧ, и҆ непостижи́маѧ, и҆ бж҃ⷭ҇твеннаѧ си́ло чⷭ҇тна́гѡ и҆ животворѧ́щагѡ крⷭ҇та̀, не ѡ҆ста́ви на́съ грѣ́шныхъ.
Бж҃е, ѡ҆чи́сти на́съ грѣ́шныхъ.
Бж҃е, ѡ҆чи́сти на́съ грѣ́шныхъ, и҆ поми́лꙋй на́съ.

Кі́йждо сті́хъ повторѧ́етсѧ кли́ромъ, и҆лѝ чтецо́мъ съ покло́ны. На полꙋ́нощницѣ, ᲂу҆́трени и҆ при концѣ̀ ка́ждагѡ часа̀, по Чтнѣ́йшꙋю херꙋві́мъ и҆ возгла́сѣ, глаго́летъ і҆ере́й мл҃твꙋ сїю̀, ст҃а́гѡ Є҆фре́ма сѵ́рїна:

Гдⷭ҇и и҆ вл҃ко живота̀ моегѡ̀, дꙋ́хъ пра́здности, ᲂу҆ны́нїѧ, любонача́лїѧ и҆ праздносло́вїѧ не да́ждь мѝ. Покло́нъ.
Дꙋ́хъ же цѣломꙋ́дрїѧ, смиренномꙋ́дрїѧ, терпѣ́нїѧ и҆ любвѐ да́рꙋй мѝ рабꙋ̀ твоемꙋ̀. Покло́нъ.
Є҆́й, гдⷭ҇и цр҃ю̀, да́рꙋй мѝ зрѣ́ти моѧ̑ прегрѣшє́нїѧ, и҆ не ѡ҆сꙋжда́ти бра́та моегѡ̀, ꙗ҆́кѡ блгⷭ҇ловє́нъ є҆сѝ во вѣ́ки вѣкѡ́въ. А҆ми́нь. Покло́нъ.

O invincible and incomprehensible and divine power of the precious and life-giving Cross, forsake not us sinners.
O God, cleanse us sinners.
O God, cleanse us sinners, and have mercy on us.

Each verse is repeated by the choir or by the reader, with prostrations. At the Midnight Office, at Matins, and at the end of each Hour, after More honorable than the Cherubim and the exclamation, the priest says this Prayer of St. Ephraim the Syrian:

O Lord and Master of my life, a spirit of idleness, despondency, ambition, and idle talking give me not. Prostration.
But rather a spirit of chastity, humble-mindedness, patience, and love bestow upon me Thy servant. Prostration.
Yea, O Lord King, grant me to see my failings and not condemn my brother; for blessed art Thou unto the ages of ages. Amen. Prostration.

Та́же ма́лыхъ, в҃і, глаго́люще на кі́йждо покло́нъ:

Бж҃е, ѡ҆чи́сти мѧ̀ грѣ́шнаго.

И҆ па́ки без̾ раздѣле́нїѧ тꙋ́же мл҃твꙋ Гд҃и и҆ вл҃ко: всю̀ до конца̀ и҆ покло́нъ є҆ди́нъ.

На а҃-мъ часѣ̀.

По́слѣ ѱалмѡ́въ, А҆ллилꙋ́їа, и҆ Гд҃и, поми́лꙋй: і҆ере́й:

Заꙋ́тра ѹ҆слы́ши гла́съ мо́й, цр҃ю̀ мо́й и҆ бж҃е мо́й.

Сті́хъ а҃: Глаго́лы моѧ̑ внꙋшѝ, гд҃и, разꙋмѣ́й зва́нїе моѐ.

Сті́хъ в҃: Ꙗ҆́кѡ къ тебѣ̀ помолю́сѧ, гд҃и.

Сла́ва ѻ҆ц҃ꙋ̀ и҆ сн҃ꙋ и҆ ст҃о́мꙋ дх҃ꙋ:

Then twelve bows from the waist, saying at each bow:

O God, cleanse me a sinner.

And again, without division, the whole prayer O Lord and Master . . . to the end, with one prostration.

AT THE FIRST HOUR:

After the psalms, Alleluia, and Lord, have mercy, the priest:

Early in the morning shalt Thou hear my voice, my King and my God.

Verse 1: Hear my words, O Lord, consider my cry.

Verse 2: For unto Thee will I pray, O Lord.

Glory to the Father, and to the Son, and to the Holy Spirit . . .

На г҃-мъ ча́сѣ, іере́й:

Гдⷭ҇и, и҆́же прест҃а́го твоего̀ дх҃а въ тре́тїй ча́съ ѧ҆пⷭ҇лѡмъ твои̑мъ низпосла́вый, того̀, бл҃гі́й, не ѿимѝ ѿ на́съ, но ѡ҆бновѝ на́съ молѧ́щихъ ти сѧ.

Сті́хъ а҃: Се́рдце чи́сто сози́жди во мнѣ̀, бж҃е, и҆ дх҃ъ пра́въ ѡ҆бновѝ во ѹ҆тро́бѣ мое́й.

Сті́хъ в҃: Не ѿве́ржи менѐ ѿ лица̀ твоегѡ̀, и҆ дх҃а твоегѡ̀ ст҃а́гѡ не ѿимѝ ѿ менє̀.

Сла́ва ѻ҆ц҃ꙋ̀ и҆ сн҃ꙋ̀ и҆ ст҃о́мꙋ дх҃ꙋ:

На ѕ҃-мъ ча́сѣ, іере́й:

И҆́же въ шесты́й де́нь же и҆ ча́съ на крⷭ҇тѣ̀ пригвожде́й въ ра́й дерзнове́нный ѧ҆да́мовъ грѣ́хъ, и҆ согрѣше́нїй на́шихъ рꙋкописа́нїе раздерѝ, хрⷭ҇тѐ бж҃е, и҆ сп҃сѝ на́съ.

Сті́хъ а҃: Внꙋшѝ, бж҃е, мл҃твꙋ мою̀, и҆ не пре́зри моле́нїѧ моегѡ̀.

Сті́хъ в҃: А҆́зъ къ бг҃ꙋ воззва́хъ, и҆ гдⷭ҇ь ѹ҆слы́ша мѧ̀.

Сла́ва ѻ҆ц҃ꙋ̀ и҆ сн҃ꙋ̀ и҆ ст҃о́мꙋ дх҃ꙋ:

AT THE THIRD HOUR, the priest:

O Lord, Who didst send down Thy Most Holy Spirit at the third hour upon Thine apostles: Take Him not from us, O Good One, but renew Him in us who pray unto Thee.

Verse 1: Create in me a clean heart, O God, and renew a right spirit within me.

Verse 2: Cast me not away from Thy presence, and take not Thy Holy Spirit from me.

Glory to the Father, and to the Son, and to the Holy Spirit . . .

AT THE SIXTH HOUR, the priest:

O Thou Who on the sixth day and hour didst nail to the Cross Adam's daring sin in Paradise, tear asunder also the handwriting of our sins, O Christ God, and save us.

Verse 1: Hear my prayer, O God, and despise not my petition.

Verse 2: I called upon God, and the Lord heard me.

Glory to the Father, and to the Son, and to the Holy Spirit . . .

На д҃-мъ, іере́й:

И҆́же въ девѧ́тый ча́съ на́съ ра́ди пло́тїю сме́рть вкꙋси́вый, оу҆мертвѝ пло́ти на́шеѧ мꙋдрова́нїе, хрⷭ҇тѐ бж҃е, и҆ спасѝ на́съ.

Сті́хъ а҃: Да прибли́житсѧ моли́тва моѧ̀ пред̾ тѧ̀, гдⷭ҇и, по словесѝ твоемꙋ̀ вразꙋми́ мѧ̀.

Сті́хъ в҃: Да вни́детъ проше́нїе моѐ пред̾ тѧ̀, гдⷭ҇и, по словесѝ твоемꙋ̀ и҆зба́ви мѧ̀.

Сла́ва ѻ҆ц҃ꙋ̀ и҆ сн҃ꙋ̀ и҆ ст҃о́мꙋ дх҃ꙋ̀:

AT THE NINTH HOUR, the priest:

O Thou Who at the ninth hour for our sake didst taste of death in the flesh, mortify our carnal mind, O Christ God, and save us.

Verse 1: Let my petition come before Thee, O Lord; give me understanding, according to Thy word.

Verse 2: Let my supplication come before Thee, O Lord; deliver me, according to Thy word.

Glory to the Father, and to the Son, and to the Holy Spirit . . .

Во четыредесѧ́тницꙋ и҆ н҃цꙋ прокі́мны

Сꙋббѡ́та мѧсопꙋ́стнаѧ.

Въ пѧто́къ ве́чера, вмѣ́стѡ же прокі́мена пое́мъ а҆ллилꙋ́їа, на гла́съ и҃:

Сті́хъ: Бл҃же́ни, ꙗ҆̀же и҆збра́лъ и҆ прїѧ́лъ є҆сѝ гдⷭ҇и, и҆ па́мѧть и҆́хъ въ ро́дъ и҆ ро́дъ.
Сті́хъ: Дꙋ́шы и҆́хъ во бл҃ги́хъ водворѧ́тсѧ.

На ᲂу҆́трени, а҆ллилꙋ́їа, на гла́съ и҃:

Сті́хъ: Бл҃же́ни, ꙗ҆̀же и҆збра́лъ и҆ прїѧ́лъ є҆сѝ гдⷭ҇и.
Сті́хъ: Па́мѧть и҆́хъ въ ро́дъ и҆ ро́дъ.
Сті́хъ: Дꙋ́шы и҆́хъ во бл҃ги́хъ водворѧ́тсѧ.

Prokeimena from the Triodion and the Pentecostarion

Meatfare Saturday

On Friday at Vespers, instead of the daily prokeimenon: Alleluia, Eighth Tone:

Verse 1: Blessed are they whom Thou hast chosen and hast taken to Thyself, O Lord, and their memorial is unto generation and generation.

Verse 2: Their souls shall dwell among good things.

At Matins, instead of God is the Lord: Alleluia, 8th Tone:

Verse 1: Blessed are they whom Thou hast chosen and hast taken to Thyself, O Lord.

Verse 2: Their memorial is unto generation and generation.

Verse 3: Their souls shall dwell among good things.

Недѣ́лѧ сыропꙋ́стнаѧ.

Въ недѣ́лю ве́чера прокі́менъ вели́кїй, гла́съ и҃:

Не ѿвратѝ лица̀ твоегѡ̀ ѿ ѻ҆́трока твоегѡ̀, ꙗ҆́кѡ скорблю̀, ско́рѡ ᲂу҆слы́ши мѧ̀: вонмѝ дꙋшѝ моеѝ и҆ и҆зба́ви ю҆̀.

Сті́хъ: Сп҃се́нїе твоѐ, бж҃е, да прі́иметъ мѧ̀.

Сті́хъ: Да ᲂу҆́зрѧтъ ни́щїи и҆ возвеселѧ́тсѧ.

Сті́хъ: Взыщи́те бг҃а, и҆ жива̀ бꙋ́детъ дꙋша̀ ва́ша.

И҆ па́ки то́йже:

Не ѿвратѝ лица̀ твоегѡ̀ ѿ ѻ҆́трока твоегѡ̀, ꙗ҆́кѡ скорблю̀, ско́рѡ ᲂу҆слы́ши мѧ̀:

Недѣ́лѧ а҃-ѧ поста̀.

Въ недѣ́лю ве́чера прокі́менъ вели́кїй, гла́съ и҃:

Да́лъ є҆сѝ достоѧ́нїе боѧ́щымсѧ тебє̀, гдⷭ҇и.

Cheesefare Sunday

On Sunday Evening at Vespers, the Great Prokeimenon, Eighth Tone:

Turn not Thy face from Thy servant, for I am in trouble; O quickly hearken unto me. Draw nigh unto my soul, and deliver it.
Verse: Let Thy salvation, O God, lift me up.
Verse: Let the humble consider this, and be glad.
Verse: Seek ye after God, and your soul shall live.

And again, the same:

Turn not Thy face from Thy servant, for I am in trouble; O quickly hearken unto me . . .

The First Sunday of Lent

On Sunday at Vespers, the Great Prokeimenon, Eighth Tone:

Thou hast given an inheritance unto those that fear Thee, O Lord.

Сті́хъ: Ѿ конє́цъ землѝ къ тебѣ̀ воззва́хъ.
Сті́хъ: Покры́юсѧ въ кро́вѣ кри́лъ твои́хъ.
Сті́хъ: Та́кѡ воспою̀ и҆́мени твоемꙋ̀ во вѣ́ки.
И҆ па́ки: Да́лъ є҆сѝ достоѧ́нїе:

Недѣ́лѧ цвѣтна́ѧ.

На ᲂу҆́трени прокі́менъ, гла́съ д҃:

И҆з̾ ᲂу҆́стъ младе́нєцъ и҆ ссꙋ́щихъ соверши́лъ є҆сѝ хвалꙋ̀.
Сті́хъ: Г҃и г҃ь на́шъ, ꙗ҆́кѡ чꙋ́дно и҆́мѧ твоѐ по всє́й землѝ.

Во ст҃ꙋ́ю и҆ вели́кꙋю недѣ́лю па́схи.

На вече́рни прокі́менъ вели́кїй, гла́съ з҃:

Кто̀ бг҃ъ ве́лїй, ꙗ҆́кѡ бг҃ъ на́шъ; ты̀ є҆сѝ бг҃ъ творѧ́й чꙋдеса̀.
Сті́хъ: Сказа́лъ є҆сѝ въ лю́дехъ си́лꙋ твою̀.

Verse: From the ends of the earth have I called upon Thee.
Verse: I will hide myself under the shelter of Thy wings.
Verse: So will I always sing praise unto Thy Name unto the ages.
And again: Thou hast given an inheritance…

Palm Sunday

The Prokeimenon at Matins,
Fourth Tone:

Out of the mouth of babes and sucklings hast Thou perfected praise.
Verse: O Lord, our Lord, how wonderful is Thy Name in all the world.

On the Holy and Great Sunday of Pascha

At Vespers the Great Prokeimenon,
Seventh Tone:

Who is so great a god as our God? Thou art the God that doest wonders.
Verse: Thou hast declared Thy power among the peoples.

Сті́хъ: И҆ рѣ́хъ: ны́нѣ нача́хъ, сїѧ̀ и҆змѣ́на десни́цы вы́шнѧгѡ.
Сті́хъ: Помѧнꙋ́хъ дѣла̀ гд҃нѧ, ꙗ҆́кѡ помѧнꙋ̀ ѿ нача́ла чꙋдеса̀ твоѧ̑.

И҆ па́ки: Кто̀ бг҃ъ ве́лїй, ꙗ҆́кѡ бг҃ъ на́шъ:

Въ понедѣ́льникъ свѣ́тлыѧ седми́цы.

На вече́рни прокі́менъ вели́кїй, гла́съ з҃:

Бг҃ъ на́шъ на нб҃сѝ и҆ на землѝ, всѧ̑ є҆ли̑ка восхотѣ̀, сотворѝ.
Сті́хъ: Во и҆схо́дѣ ї҆и҃левѣ ѿ є҆гѵ́пта, до́мꙋ ї҆а́кѡвлѧ и҆з̾ люде́й ва̑рваръ, бы́сть ї҆ꙋде́а ст҃ы́нѧ є҆гѡ̀.
Сті́хъ: Мо́ре ви́дѣ и҆ побѣжѐ, ї҆орда́нъ возврати́сѧ вспѧ́ть.
Сті́хъ: Что́ ти є҆́сть, мо́ре, ꙗ҆́кѡ побѣ́гло є҆сѝ; и҆ тебѣ̀, ї҆орда́не, ꙗ҆́кѡ возврати́лсѧ є҆сѝ вспѧ́ть;
И҆ па́ки: Бг҃ъ на́шъ на нб҃сѝ и҆ на землѝ:

Verse: And I said, Now have I begun; this change is of the right hand of the Most High.
Verse: I remembered the works of the Lord; for I will be mindful of Thy wonders from the beginning.
And again: Who is so great a god as our God?…

On Monday of Bright Week

At Vespers the Great Prokeimenon, Seventh Tone:

Our God is in heaven and on earth; He hath done all whatsoever He pleased.
Verse: When Israel came out of Egypt, the house of Jacob from among a strange people, Judah was His sanctuary.
Verse: The sea saw it, and fled; Jordan was driven back.
Verse: What aileth thee, O thou sea, that thou fleddest? Thou Jordan, that thou wast driven back?
And again: Our God is in heaven and on earth . . .

Во вто́рникъ свѣ́тлыѧ седми́цы.

На вече́рни прокі́менъ вели́кїй, гла́съ и҃:

Гла́сомъ мои́мъ ко гдⷭ҇ꙋ воззва́хъ, гла́сомъ мои́мъ къ бг҃ꙋ, и҆ вня́тъ мѝ.
Сті́хъ: Въ де́нь ско́рби моеѧ̀ бг҃а взыска́хъ.
Сті́хъ: Ѿве́ржесѧ ᲂу҆тѣ́шитисѧ дꙋша̀ моѧ̀.
Сті́хъ: Бж҃е, во ст҃ѣ́мъ пꙋ́ть тво́й.
И҆ па́ки: Гла́сомъ мои́мъ ко гдⷭ҇ꙋ воззва́хъ:

Въ сре́дꙋ свѣ́тлыѧ седми́цы.

На вече́рни прокі́менъ вели́кїй, гла́съ з҃:

Внꙋшѝ, бж҃е, мл҃твꙋ мою̀ и҆ не пре́зри моле́нїѧ моегѡ̀.
Сті́хъ: Вонмѝ ми и҆ ᲂу҆слы́ши мѧ̀.
Сті́хъ: Ꙗ҆́кѡ ᲂу҆клони́ша на мѧ̀ беззако́нїе.

On Tuesday of Bright Week

At Vespers the Great Prokeimenon, Eighth Tone:

With my voice I cried unto the Lord, even unto God with my voice, and He heard me.
Verse: In the day of my trouble I reached out to God.
Verse: My soul refused to be comforted.
Verse: Thy way, O God, is in the sanctuary.
And again: With my voice I cried unto the Lord . . .

On Wednesday of Bright Week

At Vespers the Great Prokeimenon, Seventh Tone:

Hear my prayer, O God, and despise not my petition.
Verse: Take heed unto me, and hear me.
Verse: For they minded to do me mischief.

Сті́хъ: А҆́зъ къ бг҃ꙋ воззва́хъ, и҆ гдⷭ҇ь ᲂу҆слы́ша мѧ̀, ве́черъ и҆ заꙋ́тра и҆ полꙋ́дне.
И҆ па́ки: Вни́ми, бж҃е, мл҃твꙋ мою̀:

Въ четверто́къ свѣ́тлыѧ седми́цы.

На вече́рни прокі́менъ вели́кїй, гла́съ з҃:

Возлюблю́ тѧ, гдⷭ҇и, крѣ́посте моѧ̀, гдⷭ҇ь ᲂу҆твержде́нїе моѐ и҆ прибѣ́жище моѐ и҆ и҆зба́витель мо́й.

Сті́хъ: Бг҃ъ мо́й, помо́щникъ мо́й, и҆ ᲂу҆пова́ю на него̀.

Сті́хъ: Хвалѧ̀ призовꙋ̀ гдⷭ҇а, и҆ ѿ вра̑гъ мои́хъ спасꙋ́сѧ.

Сті́хъ: Ѹ҆слы́ша ѿ хра́ма ст҃а́гѡ своегѡ̀ гла́съ мо́й.

И҆ па́ки: Возлюблю́ тѧ, гдⷭ҇и, крѣ́посте моѧ̀:

Verse: As for me, I called upon God, and the Lord heard me, evening, and morning, and noon-day.
And again: Hear my prayer, O God . . .

On Thursday of Bright Week

At Vespers the Great Prokeimenon, Seventh Tone:

I will love Thee, O Lord, my strength. The Lord is my firm foundation, and my fortress, and my deliverer.
Verse: My God is my helper, and I will trust in Him.
Verse: Giving praise, I will call upon the Lord, and so shall I be safe from mine enemies.
Verse: He heard my voice out of His holy temple.
And again: I will love Thee, O Lord, my strength . . .

Въ пѧто́къ свѣ́тлыѧ седми́цы.

На вече́рни прокі́менъ вели́кїй, гла́съ з҃:

Да́лъ є҆сѝ достоѧ́нїе боѧ́щымсѧ тебє̀, гдⷭ҇и.
Сті́хъ: Ѿ коне́цъ земли̑ къ тебѣ̀ воззва́хъ.
Сті́хъ: Покры́юсѧ въ кро́вѣ кри́лъ твои́хъ.
Сті́хъ: Та́кѡ воспою̀ и҆́мени твоемꙋ̀ во вѣ́ки.
И҆ па́ки: Да́лъ є҆сѝ достоѧ́нїе:

Недѣ́лѧ в҃-ѧ по па́сцѣ, ѡ҆ ѳѡмѣ̀.

На ᲂу҆́трени прокі́менъ, гла́съ д҃:

Похвали̑, і҆ерⷭ҇ли́ме, гдⷭ҇а, хвали̑ бг҃а твоего̀, сі́ѡне.
Сті́хъ: Ꙗ҆́кѡ ᲂу҆крѣпѝ верєи̑ вра́тъ твои́хъ, бл҃гословѝ сы́ны твоѧ̑ въ тебѣ̀.

On Friday of Bright Week

At Vespers the Great Prokeimenon, Eighth Tone:

Thou hast given an inheritance unto those that fear Thee, O Lord.
Verse: From the ends of the earth have I called upon Thee.
Verse: I will hide myself under the shelter of Thy wings.
Verse: So will I always sing praise unto Thy name unto the ages.
And again: Thou hast given an inheritance . . .

The Second Sunday after Pascha, of Thomas

The Prokeimenon at Matins, Fourth Tone:

Praise the Lord, O Jerusalem. Praise thy God, O Zion!
Verse: For He hath strengthened the bars of thy gates; He hath blessed thy children within thee.

Є҆ѵⷢ҇лїе. Та́же: Воскⷭ҇нїе хⷭ҇то́во ви́дѣвше: три́жды.

На вече́рни прокі́менъ, гла́съ з҃:

Кто̀ бг҃ъ ве́лїй, ꙗ҆́кѡ бг҃ъ на́шъ;

Пи́сано въ недѣ́лю па́схи ве́чера, ли́стъ 218.

Въ четверто́къ ѕ҃-ѧ недѣ́ли, Вознесе́нїе гдⷭ҇не.

На ᲂу҆́трени прокі́менъ, гла́съ д҃:

Взы́де бг҃ъ въ воскликнове́нїи, гдⷭ҇ь во гла́сѣ тру́бнѣмъ.

Сті́хъ: Вси̑ ꙗ҆зы́цы, восплещи́те рука́ми, воскли́кните бг҃у гла́сомъ ра́дованїѧ.

На вече́рни прокі́менъ вели́кїй, гла́съ з҃:

Бг҃ъ на́шъ на нб҃сѝ и҆ на землѝ:

Зрѝ понедѣ́льникъ свѣ́тлыѧ седми́цы, с. 220.

The Gospel. Then: Having beheld the Resurrection of Christ . . . Thrice.

At Vespers the Great Prokeimenon, Seventh Tone:

Who is so great a god as our God? . . .

See the Sunday of Pascha at vespers, p. 219.

On Thursday of the Sixth Week, the Ascension of the Lord

The Prokeimenon at Matins, Fourth Tone:

God is gone up in a merry noise, the Lord with the sound of the trumpet.
Verse: All ye peoples, clap your hands; O shout unto God with a voice of rejoicing.

At Vespers the Great Prokeimenon, Seventh Tone:

Our God is in heaven and on earth . . .

See Vespers on Bright Monday, p. 221.

Въ недѣ́лю н҃-ю, пѧтьдесѧ́тницы.

На ᲂу҆́трени прокі́менъ, гла́съ д҃:

Дх҃ъ тво́й бл҃гі́й наста́витъ мѧ̀ на зе́млю пра́вꙋ.

Сті́хъ: Гдⷭ҇и, ᲂу҆слы́ши моли́твꙋ мою̀, внꙋші̀ моле́нїе моѐ.

На вече́рни прокі́менъ вели́кїй, гла́съ з҃:

Кто̀ бг҃ъ ве́лїй, ꙗ҆́кѡ бг҃ъ на́шъ:

Пи́санъ въ недѣ́лю па́схи на вече́рни, с. 218.

On the Eighth Sunday, of Pentecost

The Prokeimenon at Matins, Fourth Tone:

Thy good Spirit shall lead me into the land of righteousness.

Verse: O Lord, hear my prayer, consider my supplication.

At Vespers the Great Prokeimenon, Seventh Tone:

Who is so great a god as our God? . . .

See the Sunday of Pascha, at Vespers, p. 219.

Прокі́мны воскр҃ны и҆ ѻ҆́бщїи ст҃ы́мъ.

Прокі́мны воскр҃ны, на ᲂу҆́трени, ѻ҆сми̑ гласѡ́въ.

Гла́съ пе́рвый.

На ᲂу҆́трени прокі́менъ:

Ны́нѣ воскр҃нꙋ̀, глаго́летъ гдⷭ҇ь, положꙋ́сѧ во сп҃се́нїе, не ѡ҆бинюсѧ ѡ҆ не́мъ.
Сті́хъ: Словеса̀ гдⷭ҇нѧ, словеса̀ чⷭ҇та.

Гла́съ вторы́й.

На ᲂу҆́трени прокі́менъ:

Воста́ни, гдⷭ҇и бж҃е мо́й, повелѣ́нїемъ, и҆́мже заповѣ́далъ є҆сѝ, и҆ со́нмъ люде́й ѡ҆бы́детъ тѧ̀.
Сті́хъ: Гдⷭ҇и бж҃е мо́й, на тѧ̀ ᲂу҆пова́хъ, сп҃си́ мѧ.

The Prokeimena for Sundays, and Common Prokeimena for the Saints

Sunday Matins Prokeimena of the Eight Tones

First Tone
The Prokeimenon at Matins:

Now will I arise, saith the Lord; I will set myself unto salvation; I will do it for all to see.
Verse: The words of the Lord are pure words.

Second Tone
The Prokeimenon at Matins:

Rise up, O Lord my God, by the injunction that Thou hast enjoined, and a congregation of the peoples shall gather round Thee.
Verse: O Lord my God, in Thee have I put my trust; save me.

Гла́съ тре́тїй.

На оу҆́трени прокі́менъ:

Рцы́те во ꙗ҆зы́цѣхъ, ꙗ҆́кѡ гдⷭ҇ь воцрⷭ҇и́сѧ: и҆́бо и҆спра́ви вселе́ннꙋю, ꙗ҆́же не подви́житсѧ.

Сті́хъ: Воспо́йте гдⷭ҇еви пѣ́снь но́вꙋ, воспо́йте гдⷭ҇еви, всѧ̀ землѧ̀.

Гла́съ четве́ртый.

На оу҆́трени прокі́менъ:

Воскрⷭ҇нѝ, гдⷭ҇и, помозѝ на́мъ, и҆ и҆зба́ви на́съ и҆́мене твоегѡ̀ ра́ди.

Сті́хъ: Бж҃е, оу҆ши́ма на́шима оу҆слы́шахомъ, и҆ ѻ҆тцы̀ на́ши возвѣсти́ша на́мъ.

Гла́съ пѧ́тый.

На оу҆́трени прокі́менъ:

Воскрⷭ҇нѝ, гдⷭ҇и бж҃е мо́й, да вознесе́тсѧ рꙋка̀ твоѧ̀, ꙗ҆́кѡ ты̀ црⷭ҇твꙋеши во вѣ́ки.

Сті́хъ: И҆сповѣ́мсѧ тебѣ̀, гдⷭ҇и, всѣ́мъ се́рдцемъ мои́мъ, повѣ́мъ всѧ̑ чꙋдеса̀ твоѧ̑.

Third Tone

The Prokeimenon at Matins:

Tell it out among the heathen that the Lord is King, for He hath made the whole world, which shall not be moved.
Verse: O sing unto the Lord a new song; sing unto the Lord, all the earth.

Fourth Tone

The Prokeimenon at Matins:

Arise, O Lord; help us, and deliver us for Thy Name's sake.
Verse: O God, we have heard with our ears, and our fathers have told us.

Fifth Tone

The Prokeimenon at Matins:

Arise, O Lord my God, let Thy hand be lifted up; for Thou art King for ever.
Verse: I will give thanks unto Thee, O Lord, with my whole heart; I will speak of all Thy marvelous works.

Гла́съ шесты́й.

На оу҆́тренѧ прокі́менъ:

Гдⷭ҇и, воздви́гни си́лꙋ твою̀ и҆ прїидѝ во є҆́же сп҃стѝ на́съ.

Сті́хъ: Пасы́й ї҆и҃лѧ, вонмѝ, наставлѧ́ѧй ꙗ҆́кѡ ѻ҆вча̀ ї҆ѡ́сифа.

Гла́съ седмы́й.

На оу҆́тренѧ прокі́менъ:

Воскр҃нѝ, гдⷭ҇и бж҃е мо́й, да вознесе́тсѧ рꙋка̀ твоѧ̀, не забꙋ́ди оу҆бо́гихъ твои́хъ до конца̀.

Сті́хъ: И҆сповѣ́мсѧ тебѣ̀, гдⷭ҇и, всѣ́мъ се́рдцемъ мои́мъ, повѣ́мъ всѧ̑ чꙋдеса̀ твоѧ̑.

Гла́съ ѻ҆смы́й.

На оу҆́тренѧ прокі́менъ:

Воцр҃и́тсѧ гдⷭ҇ь во вѣ́къ, бг҃ъ тво́й, сїѡ́не, въ ро́дъ и҆ ро́дъ.

Сті́хъ: Хвалѝ, дꙋшѐ моѧ̀, гдⷭ҇а, восхвалю̀ гдⷭ҇а въ животѣ̀ мое́мъ.

Sixth Tone
The Prokeimenon at Matins:

O Lord, stir up Thy strength and come to save us.

Verse: Hear, O Thou Shepherd of Israel, Thou that leadest Joseph like a sheep.

Seventh Tone
The Prokeimenon at Matins:

Arise, O Lord my God, let Thy hand be lifted high; forget not Thy poor before the end.

Verse: I will give thanks unto Thee, O Lord, with my whole heart; I will speak of all Thy marvelous works.

Eighth Tone
The Prokeimenon at Matins:

The Lord shall reign for ever, Thy God, O Zion, unto generation and generation.

Verse: Praise the Lord, O my soul; while I live will I praise the Lord.

Прокі́мны ѻ҆́бщїи ст҇ы̑мъ, и҆̀мже є҆гда̀ твори́мъ слꙋ́жбꙋ.

Слꙋ́жба прест҇ѣ́й бцⷣѣ.

На ᲂу҆́тренни прокі́менъ, гла́съ д҃:

Помѧнꙋ̀ и҆́мѧ твоѐ во всѧ́комъ ро́дѣ и҆ ро́дѣ.

Сті́хъ: Ѿры́гнꙋ се́рдце моѐ сло́во бл҃го глаго́лю а҆́зъ дѣла̀ моѧ̑ цр҇е́ви.

Слꙋ́жба ст҇ы́хъ нбⷭ҇ныхъ безпло́тныхъ си́лъ.

Прокі́менъ, гла́съ д҃:

Творѧ́й а҆́гг҇лы своѧ̑ дꙋ́хи и҆ слꙋги̑ своѧ̑ пла́мень ѻ҆́гненный.

Сті́хъ: Бл҃гослови̑, дꙋшѐ моѧ̀, гдⷭ҇а, гдⷭ҇и бж҇е мо́й, возвели́чилсѧ є҆сѝ ѕѣлѡ̀.

Common Prokeimena for the Saints, when we celebrate a service to them.

Service to the Most Holy Theotokos

The Prokeimenon at Matins, Fourth Tone:

I will remember thy name in every generation and generation.
Verse: My heart hath poured forth a good Word; I speak of my works unto the King.

Service to the Holy Heavenly Bodiless Hosts

The Prokeimenon at Matins, Fourth Tone:

Who maketh His angels spirits, and His ministers a flaming fire.
Verse: Bless the Lord, O my soul, O Lord my God, Thou art become exceeding glorious.

Слꙋ́жба ст҃ы́хъ прⷪ҇ро́кѡвъ ѻ҆́бща.

Прокі́менъ, гла́съ д҃:

Ты̀ і҆ере́й во вѣ́къ по чи́нꙋ мелхїседе́кову.
Сті́хъ: Речѐ гдⷭ҇ь гдⷭ҇еви моемꙋ̀: сѣдѝ ѡ҆деснꙋ́ю менѐ, до́ндеже положꙋ̀ враги̋ твоѧ̑ подно́жїе но́гъ твои́хъ.

Слꙋ́жба а҆пⷭ҇лѡвъ ѻ҆́бща.

Прокі́менъ, гла́съ д҃:

Во всю̀ зе́млю и҆зы́де вѣща́нїе и҆́хъ, и҆ въ концы̀ вселе́нныѧ глаго́лы и҆́хъ.
Сті́хъ: Нб҃са повѣ́даютъ сла́вꙋ бж҃їю, творе́нїе же рꙋкꙋ̀ є҆гѡ̀ возвѣща́етъ тве́рдь.

Слꙋ́жба ст҃и́телю ѻ҆́бща.

Прокі́менъ, гла́съ д҃:

Ѹ҆ста̀ моѧ̑ возглаго́лютъ премꙋ́дрость, и҆ поꙋче́нїе се́рдца моегѡ̀ ра́зꙋмъ.
Сті́хъ: Ѹ҆слы́шите сїѧ̑ всѝ ꙗ҆зы́цы, внꙋши́те, всѝ живꙋ́щїи по вселе́ннѣй.

Common Service of the Holy Prophets

The Prokeimenon at Matins, Fourth Tone:

Thou art a priest for ever, after the order of Melchizedek.

Verse: The Lord said unto my Lord, Sit Thou at My right hand, until I make Thine enemies the footstool of Thy feet.

Common Service to the Holy Apostles

The Prokeimenon, Fourth Tone:

Their sound is gone out into all the earth, and their words unto the ends of the world.

Verse: The heavens declare the glory of God, and the firmament showeth His handiwork.

Common Service to a Holy Hierarch

The Prokeimenon, Fourth Tone:

My mouth shall speak wisdom, and the meditation of my heart shall be of understanding.

Verse: O hear this, all ye nations; take heed, all ye that dwell in the world.

Слꙋ́жба ст҃и́телей, прпⷣбныхъ и҆ хрⷭ҇та̀ ра́ди ю҆ро́дивыхъ.

Прокі́менъ, гла́съ д҃:

Честна̀ предъ гдⷭ҇емъ сме́рть преподо́бныхъ є҆гѡ̀.

Сті́хъ: Что̀ возда́мъ гдⷭ҇еви ѡ҆ всѣ́хъ, ꙗ҆̀же воздаде́ ми;

Слꙋ́жба мч҃нкꙋ ѻ҆́бща.

Прокі́менъ, гла́съ д҃:

Возвесели́тсѧ пра́ведникъ ѡ҆ гдⷭ҇ѣ и҆ ᲂу҆пова́етъ на него̀.

Сті́хъ: Оу҆слы́ши, бж҃е, гла́съ мо́й, внегда̀ моли́тимисѧ къ тебѣ̀.

Слꙋ́жба мч҃нкѡвъ ѻ҆́бща.

Прокі́менъ, гла́съ д҃:

Ст҃ы̑мъ, и҆̀же сꙋ́ть на земли̇̀ є҆гѡ̀, ᲂу҆диви̇̀ гдⷭ҇ь всѧ̑ хотѣ̑нїѧ своѧ̑ въ ни́хъ.

Сті́хъ: Предзрѣ́хъ гдⷭ҇а предо мно́ю вы́нꙋ, ꙗ҆́кѡ ѡ҆деснꙋ́ю менѐ є҆́сть, да не подви́жꙋсѧ.

Common Service to Holy Hierarchs, Venerable Ones, and Fools for Christ's Sake

The Prokeimenon, Fourth Tone:

Precious in the sight of the Lord is the death of His saints.
Verse: What shall I render unto the Lord, for all that He hath rendered unto me?

Common Service to a [single] Martyr

The Prokeimenon, Fourth Tone:

The righteous man shall rejoice in the Lord, and shall put his trust in Him.
Verse: Hear my voice, O God, when I pray unto Thee.

Common Service to [several] Martyrs

The Prokeimenon, Fourth Tone:

Unto the saints that are in His land hath the Lord made wonderful all His desires in them.
Verse: I foresaw the Lord always before me, for He is on my right hand, that I should not be moved.

Слꙋ́жба сщ҃е́нномч҃нкꙋ.

Прокі́менъ, гла́съ д҃:

Восхва́лѧтсѧ прпⷣбнїи во сла́вѣ и҆ возра́дꙋютсѧ на ло́жахъ свои́хъ.
Сті́хъ: Воспо́йте гдⷭ҇еви пѣ́снь но́вꙋ, хвале́нїе є҆гѡ̀ въ цр҃кви прпⷣбныхъ.

Слꙋ́жба сщ҃е́нномч҃нкѡвъ ѻ҆́бща.

Прокі́менъ, гла́съ д҃:

Честна̀ пре́дъ гдⷭ҇емъ: Зри с. 242.

Слꙋ́жба прпⷣбномч҃нкѡвъ ѻ҆́бща.

Прокі́менъ, гла́съ д҃:

Восхва́лѧтсѧ прпⷣбнїи во сла́вѣ: (Зрѝ верхꙋ).

Слꙋ́жба мч҃нцъ и҆ прпⷣбныхъ же́нъ ѻ҆́бща.

Прокі́менъ, гла́съ д҃:

Ди́венъ бг҃ъ во ст҃ы́хъ свои́хъ, бг҃ъ і҆сра́илевъ.
Сті́хъ: Въ це́рквахъ бл҃гослови́те бг҃а, гдⷭ҇а ѿ и҆стѡ́чникъ ї҆и҃левыхъ.

Service to a Hieromartyr

The Prokeimenon, Fourth Tone:

The saints shall boast in glory, and they will rejoice upon their beds.
Verse: O sing unto the Lord a new song; His praise is in the church of the saints.

Common Service to Hieromartyrs

The Prokeimenon, Fourth Tone:

Precious in the sight of the Lord . . . See p. 243.

Common Service to Venerable Martyrs

The Prokeimenon, Fourth Tone:

The saints shall boast in glory: See above.

Common Service to Holy Women Martyrs and Venerable Mothers

The Prokeimenon, Fourth Tone:

Wonderful is God in His saints, the God of Israel.
Verse: In churches bless ye God, the Lord from the fountains of Israel.

Слꙋ́жба и҆сповѣ́дникѡвъ.

Прокі́менъ, гла́съ д҃:

Восхва́лѧтсѧ прпⷣбнїи во сла́вѣ: (Зрѝ верхꙋ̀).

Слꙋ́жба безме́здникѡвъ.

Прокі́менъ, гла́съ д҃:

Ст҃ы́мъ, и҆̀же сꙋ́ть на земли̇̀ є҆гѡ̀: (Зрѝ верхꙋ̀).

Service to Confessors

The Prokeimenon, Fourth Tone:

The saints shall boast in glory: (See above).

Service to Unmercenaries

The Prokeimenon, Fourth Tone:

Unto the saints that are in His land:
(See above).

Ꙇ҆збра́нный мѣсѧцесло́въ

Мѣ́сѧцъ септе́мврїй

и҃ Рж҃тво̀ прест҃ы́ѧ вл҃чцы на́шеѧ бцⷣы и҆ приснод҃вы мр҃і́и.

Пра́здникъ, и҆ разрѣше́нїе рыбы.

На оу҆́трени прокі́менъ, гла́съ д҃:

Помѧнꙋ̀ и҆́мѧ твоѐ во всѧ́комъ ро́дѣ и҆ ро́дѣ.

Стı́хъ: Ѿры́гнꙋ се́рдце моѐ сло́во бл҃го, глаго́лю а҆́зъ дѣла̀ моѧ̑ цр҃е́ви.

дı҃ Всемі́рное воздви́женїе чⷭ҇тна́гѡ и҆ животворѧ́щагѡ крⷭ҇та̀:

И҆ оу҆спе́нїе и҆́же во ст҃ы́хъ ѻ҆тца̀ на́шегѡ і҆ѡа́нна, а҆рхїепⷭ҇кпа кѡнстантı́нѧ гра́да, златоꙋ́стагѡ.

Пра́здникъ и҆ по́стъ.

Полный текст Месяцеслова на двух языках доступен на Интернет-сайте издательства: http://holytrinitypublications.com/menologion

Selections from the Menologion

The Month of September

8 The Nativity of our Most Holy Lady the Theotokos and Ever-Virgin Mary.

Feast; fish is allowed.

The Prokeimenon at Matins, Fourth Tone:

I will remember thy name in every generation and generation.

Verse: My heart hath poured forth a good word; I speak of my works unto the King.

14 The Universal Exaltation of the Precious and Life-giving Cross.

And the Repose of our father among the Saints, John Chrysostom, archbishop of Constantinople.

Feast and Fast.

The full bilingual Menologion may be downloaded at:
http://holytrinitypublications.com/menologion

На ᲂу҆́трени прокі́менъ, гла́съ д҃:

Ви́дѣша всѧ̑ концы̀ земли̑ сп҃се́нїе бг҃а на́шегѡ.

Сті́хъ: Воспо́йте гдⷭ҇еви пѣ́снь но́вꙋ, ꙗ҆́кѡ ди̑вна сотворѝ гдⷭ҇ь.

Въ то́йже де́нь ве́чера
прокі́менъ вели́кїй, гла́съ з҃:

Бг҃ъ на́шъ на нб҃си̑ и҆ на земли̑: (Зрѝ понедѣ́льникъ свѣ́тлыѧ седми́цы, с. 220)

Мѣ́сѧцъ ѻ҆ктѡ́врїй

а҃ Покро́въ прест҃ы́ѧ бцⷣы.

Слꙋ́жба септе́мврїа
во и҃ де́нь.

ѳ҃і Ст҃а́гѡ прⷪ҇ро́ка і҆ѡи́лѧ: и҆ ст҃а́гѡ мч҃ника ᲂу҆а́ра: и҆ прпⷣбнагѡ ѻ҆тца̀ на́шегѡ і҆ѡа́нна ры́льскагѡ.

Слꙋ́жба прпⷣбномꙋ́ченическаѧ.

The Prokeimenon at Matins, Fourth Tone:

All the ends of the earth have seen the salvation of our God.

Verse: O sing unto the Lord a new song, for the Lord hath done marvelous things.

On the same day, the Great Prokeimenon at Vespers, Seventh Tone:

Our God is in heaven and on earth . . .

(See Monday of Bright Week, p. 221).

The Month of October

1 The Protection of the Most Holy Theotokos.

The Service is the same as on the 8th of September.

19 Holy Prophet Joel; and Holy Martyr Varus; and our Venerable father John of Rila.

Service to Venerable Martyrs.

И҆ ст҃а́гѡ првⷣнагѡ ѻ҆тца̀ на́шегѡ і҆ѡа́нна, кроншта́дтскагѡ чꙋдотво́рца.

На ᲂу҆́трени прокі́менъ, гла́съ д҃:

Сщ҃е́нницы твоѝ ѡ҆блекꙋ́тсѧ въ пра́вдꙋ и҆ прпⷣбнїи твоѝ возра́дꙋютсѧ.

Сті́хъ: Помѧнѝ, гдⷭ҇и, дв҃да и҆ всю̀ кро́тость є҆гѡ̀.

Мѣ́сѧцъ ноє́мврїй

и҃ Собо́ръ ст҃а́гѡ а҆рхїстрати́га мїха́ила и҆ про́чихъ безпло́тныхъ си́лъ.

Пра́здникъ, и҆ разрѣше́нїе ві́на и҆ є҆ле́а.

Слꙋ́жба ѻ҆́бща безпло́тныхъ.

к҃а Вхо́дъ во хра́мъ прест҃ы́ѧ влⷣчцы на́шеѧ бцⷣы.

Пра́здникъ, и҆ разрѣше́нїе ры́бы.

And our Holy Righteous father John of Kronstadt, the wonderworker.

The Prokeimenon at Matins, Fourth Tone:

Thy priests shall be clothed with righteousness, and Thy saints shall rejoice.
Verse: Remember, O Lord, David, and all his meekness.

The Month of November

8 Synaxis of the Holy Archangel Michael and the other Bodiless Hosts.

Feast; and Wine & Oil are allowed.

Common Service to the Bodiless Hosts.

21 Entrance of our Most Holy Lady Theotokos into the Temple.

Feast; and Fish is allowed.

На ᲂу҆́трени проки́менъ, гла́съ д҃:

Слы́ши, дщѝ, и҆ ви́ждь, и҆ приклонѝ ᲂу҆́хо твоѐ.

Сті́хъ: Ѿрыгнꙋ̀ се́рдце моѐ сло́во бла́го, глаго́лю а҆́зъ дѣла̀ моѧ̑ црⷭ҇е́ви.

Мѣ́сѧцъ деке́мврїй

ѕ҃ И҆́же во ст҃ы́хъ ѻ҆тца̀ на́шегѡ нїкола́а, а҆рхїепⷭкпа мѵ́рлѷкі́йскихъ, чꙋдотво́рца.

Пра́здникъ, и҆ разрѣше́нїе вїна̀ и҆ є҆ле́а.

На ᲂу҆́трени проки́менъ, гла́съ д҃:

Честна̀ пре́дъ гдⷭ҇емъ сме́рть прпⷣбныхъ є҆гѡ̀.

Сті́хъ: Что̀ возда́мъ гдⷭ҇еви ѡ҆ всѣ́хъ, ꙗ҆̀же воздаде́ ми;

ві҃ Ст҃ы́хъ мч҃нкъ: є҆ѵстра́тїа, а҆ѵѯе́нтїа, є҆ѵге́нїа, марда́рїа и҆ ѻ҆ре́ста: и҆ ст҃ы́ѧ мч҃нцы лꙋкі́и дѣви́цы.

Разрѣше́нїе вїна̀ и҆ є҆ле́а.

The Prokeimenon at Matins, Fourth Tone:

Hearken, O daughter, and see, and incline thine ear.
Verse: My heart hath poured forth a good Word; I speak of my works unto the King.

The Month of December

6 Our father among the Saints, Nicholas the wonderworker, archbishop of Myra in Lycia.

Feast; and Wine & Oil are allowed.

The Prokeimenon at Matins, Fourth Tone:

Precious in the sight of the Lord is the death of His saints.
Verse: What shall I render unto the Lord, for all that He hath rendered unto me?

13 Holy Martyrs Eustratius, Auxentius, Eugene, Mardarius, and Orestes; and Holy Martyr Lucy the Virgin.

Wine & Oil are allowed.

На оу҆́трени прокі́менъ, гла́съ д҃:

Воззва́ша пра́ведніи, и҆ гд҇ь оу҆слы́ша и҆̀хъ, и҆ ѿ всѣ́хъ скорбе́й и҆́хъ и҆зба́ви и҆̀хъ.
Сті́хъ: Мнѡ́ги скѡ́рби пра́веднымъ, и҆ ѿ всѣ́хъ и҆́хъ и҆зба́витъ ѧ҆̀ гд҇ь.

к҃е Є҆́же по пло́ти рж҇тво̀ гд҇а бг҃а и҆ сп҃са на́шегѡ і҆и҃са хр҇та̀:

На оу҆́трени прокі́менъ, гла́съ д҃:

И҆з̾ чре́ва пре́жде денни́цы роди́хъ тѧ̀, клѧ́тсѧ гд҇ь, и҆ не раска́етсѧ.
Сті́хъ: Речѐ гд҇ь гд҇еви моемꙋ̀: сѣдѝ ѡ҆десню́ю менѐ, до́ндеже положꙋ̀ враги̑ твоѧ̑ подно́жїе но́гъ твои́хъ.

Въ то́йже де́нь, ве́черъ, прокі́менъ вели́кій, гла́съ з҃:

Кто̀ бг҃ъ ве́лій, ꙗ҆́кѡ бг҃ъ на́шъ: (Зрѝ вели́кꙋю и҆ ст҃ꙋ́ю недѣ́лю па́схи, на вече́рни, с. 218)

The Prokeimenon at Matins, Fourth Tone:

The righteous cried, and the Lord heard them, and delivered them out of all their troubles.
Verse: Many are the troubles of the righteous, but the Lord delivereth them out of all.

25 The Nativity in the flesh of our Lord, God, and Saviour Jesus Christ.

The Prokeimenon at Matins, Fourth Tone:

From the womb before the morning star have I begotten Thee; the Lord hath sworn, and will not repent.
Verse: The Lord said unto my Lord, Sit Thou at my right hand, until I make Thine enemies the footstool of Thy feet.

On the same day, the Great Prokeimenon at Vespers, Seventh Tone:

Who is so great a god as our God? . . . (See Great and Holy Pascha, at Vespers, p. 219).

Мц҃ъ і҆аннꙋа́рїй

а҃ Є҆́же по пло́ти ѡ҆брѣ́занїе гдⷭ҇а бг҃а и҆ сп҃са на́шегѡ і҆и҃са хрⷭ҇та̀:

И҆ па́мѧть и҆́же во ст҃ы́хъ ѻ҆тца̀ на́шегѡ васі́лїа вели́кагѡ, а҆рхїепⷭ҇кпа кесарі́и каппадокі́йскїѧ.

Пра́здникъ, и҆ разрѣше́нїе рыбы.

Прокі́менъ на оу҆́трени:

Оу҆ста̀ моѧ̑ возглаго́лютъ премꙋ́дрость, и҆ поꙋче́нїе се́рдца моегѡ̀ ра́зꙋмъ.
Сті́хъ: Оу҆слы́шите сїѧ̑ всѝ ꙗ҆зы́цы, вънꙋши́те всѝ живꙋ́щїи по вселе́ннѣй.

ѕ҃ Ст҃о́е бг҃оꙗвле́нїе гдⷭ҇а бг҃а и҆ сп҃са на́шегѡ і҆и҃са хрⷭ҇та̀.

Пра́здникъ, и҆ разрѣше́нїе на всѧ̑.

The Month of January

1 The Circumcision according to flesh of our Lord, God, and Saviour Jesus Christ.

And commemoration of our father among the saints, Basil the Great, archbishop of Caesarea in Cappadocia.

Feast, and fish allowed.

The Prokeimenon at Matins, Fourth Tone:

My mouth shall speak wisdom, and the meditation of my heart shall be of understanding. Verse: O hear this, all ye nations; take heed, all ye that dwell in the world.

6 The Holy Theophany of Our Lord, and God, and Saviour Jesus Christ.

Feast, and all foods allowed.

На оу҆́трени прокі́менъ, гла́съ д҃:

Мо́ре ви́дѣ и҆ побѣжѐ, і҆орда́нъ возврати́сѧ вспѧ́ть.

Сті́хъ: Что́ ти є҆́сть, мо́ре, ꙗ҆́кѡ побѣ́гло є҆сѝ; и҆ тебѣ̀, і҆орда́не, ꙗ҆́кѡ возврати́лсѧ є҆сѝ вспѧ́ть;

Въ то́йже ве́черъ прокі́менъ вели́кїй, гла́съ з҃:

Бг҃ъ на́шъ на нб҃сѝ и҆ на земли̑: (Зри̑ понедѣ́льникъ свѣ́тлыѧ седми́цы, с. 220).

л҃ Ст҃ы́хъ трїе́хъ ст҃и́телей, вели́кихъ а҆рхїере́євъ: васі́лїа вели́кагѡ, григо́рїа бг҃осло́ва и҆ і҆ѡа́нна златоу́стагѡ:

Пра́здникъ, и҆ разрѣше́нїе вїна̀ и҆ є҆ле́а.

На оу҆́трени прокі́менъ, гла́съ д҃:

Сщ҃е́нницы твоѝ ѡ҆блекꙋ́тсѧ въ пра́вдꙋ, и҆ прпⷣбнїи твоѝ возра́дꙋютсѧ.

Сті́хъ: Оу҆ста̀ моѧ̑ возглаго́лютъ премꙋ́дрость, и҆ поꙋче́нїе се́рдца моегѡ̀ ра́зꙋмъ.

The Prokeimenon at Matins, Fourth Tone:

The sea saw it, and fled; Jordan was driven back.

Verse: What aileth thee, O thou sea, that thou fleddest? Thou Jordan, that thou wast driven back?

On that same day, the Great Prokeimenon at Vespers, Seventh Tone:

Our God is in heaven and on earth . . . (See Monday of Bright Week, p. 221).

30 The Three Holy Hierarchs, the Great Archbishops: Basil the Great, Gregory the Theologian, and John Chrysostom.

Feast, and wine and oil allowed.

The Prokeimenon at Matins, Fourth Tone:

Thy priests shall be clothed with righteousness, and Thy saints shall rejoice.

Verse: My mouth shall speak wisdom, and the meditation of my heart shall be of understanding.

Мѣ́сѧцъ феврꙋа́рїй

в҃ Срѣ́тенїе г҃да бг҃а и҆ сп҃са на́шегѡ і҆и҃са хр҇та̀.

Пра́здникъ, и҆ разрѣше́нїе ры́бы, кромѣ̀ ст҃ы́ѧ четыредеса́тницы, а҆́ще слꙋ́читсѧ.

На ᲂу҆́тренни прокі́менъ:

Помѧнꙋ̀ и҆́мѧ твоѐ: (Зри̑ септе́мврїа, во и҃-й де́нь).

к҃д Пе́рвое и҆ второ́е ѡ҆брѣ́тенїеч҇тны́ѧ главы̀ ст҃а́гѡ сла́внагѡ прⷪ҇ро́ка, прⷣ҇те́чи и҆ кр҇ти́телѧ гд҇нѧ і҆ѡа́нна:

Разрѣше́нїе вїна̀ и҆ ѐлеа.

На ᲂу҆́тренни прокі́менъ:

Та́мѡ возращꙋ̀ ро́гъ дв҃дови, ᲂу҆гото́вахъ свѣти́льникъ пома́занномꙋ моемꙋ̀.

Сті́хъ: Помѧнѝ, гд҇и, дв҃да, и҆ всю̀ кро́тость є҆гѡ̀.

The Month of February

2 The Meeting of Our Lord God and Saviour Jesus Christ.

Feast, and fish allowed, unless it happens to be Great Lent.

The Prokeimenon at Matins, Fourth Tone:

I shall commemorate thy name . . .

(See September 8).

24 The First and Second Finding of the honourable head of the Holy Glorious Prophet, Forerunner, and Baptist of the Lord, John.

Wine and oil allowed.

The Prokeimenon at Matins, Fourth Tone:

There shall I make the horn of David grow; I have prepared a lamp for Mine anointed.
Verse: Remember, O Lord, David, and all his meekness.

Мѣ́сѧцъ ма́ртъ

д҃. Ст҃ы́хъ м҃ мч҃никъ, и҆̀же въ севасті́и.

Пра́здникъ, и҆ разрѣше́нїе вїна̀ и҆ є҆ле́а.

На оу҆́трени прокі́менъ, гла́съ д҃:

Проидо́хомъ сквозѣ̀ ѻ҆́гнь и҆ во́дꙋ, и҆ и҆зве́лъ є҆сѝ ны̀ въ поко́й.

Сті́хъ: Разже́глъ ны̀ є҆сѝ, ꙗ҆́коже разжиза́етсѧ сребро̀.

ке҃ Бл҃гове́щенїе прест҃ы́ѧ вл҃чцы на́шеѧ бцⷣы и҆ приснодв҃ы мр҃і́и.

Пра́здникъ и҆ разрѣше́нїе ры́бы, а҆́ще слꙋ́читсѧ кромѣ̀ вели́кїѧ седми́цы.

На оу҆́трени прокі́менъ, гла́съ д҃:

Бл҃говѣсти́те де́нь ѿ днѐ сп҃се́нїе бг҃а на́шегѡ.

Сті́хъ: Воспо́йте гдⷭ҇еви пѣ́снь но́вꙋ, воспо́йте гдⷭ҇еви всѧ̀ землѧ̀.

The Month of March

9 Holy Forty Martyrs of Sebaste.

Feast, and wine and oil allowed.

The Prokeimenon at Matins, Fourth Tone:

We went through fire and water, and Thou broughtest us out into refreshment.
Verse: Thou hast tried us, like as silver is tried.

25 The Annunciation of Our Most Holy Lady the Theotokos and Ever-virgin Mary.

Feast, and fish allowed, unless it fall in Great Week.

The Prokeimenon at Matins, Fourth Tone:

Be telling from day to day of the salvation of our God.
Verse: O sing unto the Lord a new song; sing unto the Lord, all the earth.

Мѣ́сѧцъ а҆прі́ллїй

к҃г Ст҃а́гѡ сла́внагѡ великомч҃ника, побѣдоно́сца и҆ чꙋдотво́рца геѡ́ргїа: И҆ ст҃ы́ѧ мч҃ницы цари́цы а҆леѯа́ндры.

Пра́здникъ, и҆ разрѣше́нїе вїна̀ и҆ є҆ле́а.

На оу҆́трени прокі́менъ, гла́съ д҃:

Пра́ведникъ ꙗ҆́кѡ фі́нїѯъ процвѣте́тъ, ꙗ҆́кѡ ке́дръ, и҆́же въ лїва́нѣ, ᲂу҆мно́житсѧ. Сті́хъ: Насажде́ни въ домꙋ гдⷭ҇ни, во дво́рѣхъ бг҃а на́шегѡ процвѣтꙋ́тъ.

Мѣ́сѧцъ ма́їй

к҃а Ст҃ы́хъ вели́кихъ царе́й и҆ равноап҃лѡвъ кѡнстанті́на и҆ є҆ле́ны:

Пра́здникъ, и҆ разрѣше́нїе вїна̀ и҆ є҆ле́а.

На оу҆́трени прокі́менъ, гла́съ д҃:

Вознесо́хъ и҆збра́ннаго ѿ люде́й мои́хъ. Сті́хъ: Сегѡ̀ ра́ди пома́за тѧ̀, бж҃е, бг҃ъ тво́й є҆ле́емъ ра́дости, па́че прича́стникъ твои́хъ.

The Month of April

23 Holy Glorious Greatmartyr, Victory-bearer, and Wonderworker George. And Holy Martyr Queen Alexandra.

Feast, and wine and oil allowed.

The Prokeimenon at Matins, Fourth Tone:

The righteous shall flourish like a palm-tree, and shall spread abroad like a cedar in Lebanon.

Verse: Such as are planted in the house of the Lord, shall flourish in the courts of our God.

The Month of May

21 Holy Great Monarchs and Equals-to-the-Apostles Constantine and Helen.

Feast, and wine and oil allowed.

The Prokeimenon at Matins, Fourth Tone:

I have raised up the chosen one of My people.

Verse: Wherefore God, even Thy God, hath anointed Thee with the oil of gladness above thy fellows.

Мѣ́сяцъ і҆ꙋ́ній

к҃д Рождество̀ чⷭ҇тна́гѡ сла́внагѡ прⷪ҇ро́ка, прⷣте́чи и҆ крⷭ҇ти́тєлѧ гдⷭ҇нѧ і҆ѡа́нна.

Пра́здникъ, и҆ разрѣше́ніе ры́бы.

На ᲂу҆́трени проки́менъ, гла́съ д҃:

И҆ ты̀, ѻ҆троча̀, прⷪ҇ро́къ вы́шнѧгѡ нарече́шисѧ.

Сті́хъ: Бл҃гослове́нъ гдⷭ҇ь бг҃ъ і҆і҃левъ, ꙗ҆́кѡ посѣтѝ и҆ сотворѝ и҆збавле́ніе лю́демъ свои҆́мъ.

к҃ѳ. Ст҃ы́хъ сла́вныхъ и҆ всехва́льныхъ и҆ первоверхо́вныхъ а҆по́стѡлъ петра̀ и҆ па́ѵла.

Пра́здникъ, и҆ разрѣше́ніе ры́бы.

Проки́менъ, на ᲂу҆́трени и҆ на лїтꙋргі́и, є҆ди́нъ.

Слꙋ́жба ѻ҆́бща а҆по́столѡвъ.

The Month of June

24 Nativity of the honourable, glorious Prophet, Forerunner, and Baptist of the Lord, John.

Feast, and fish allowed.

The Prokeimenon at Matins, Fourth Tone:

And thou, child, shalt be called the Prophet of the Most High.

Verse: Blessed be the Lord God of Israel, for He hath visited and redeemed His people.

29 Holy Glorious and All-praised and First-leaders of the Apostles, Peter and Paul.

Feast, and fish allowed.

Prokeimenon, at Matins and at Liturgy, one.

Common Service to the Apostles.

Мѣ́сѧцъ і҆ꙋ́лїй

д҃ Ст҃ы́хъ бл҃гове́рныхъ страстоте́рпцєвъ: цр҃ѧ̀ мч҃нка нїкола́а, црⷭ҇цы а҆леѯа́ндры, црⷭ҇евича а҆леѯі́а, црⷭ҇евенъ ѻ҆́льги, татїа́ны, марі́и и҆ а҆настасі́и, ст҃ы́хъ прпⷣбномч҃нницъ кнѧги́ни є҆лїсаве́ты и҆ і҆нокини варва́ры и҆̀же съ ни́ми ᲂу҆бїє́нныхъ.

На ᲂу҆́трени проки́менъ, гла́съ д҃:

Тебє̀ ра́ди, гдⷭ҇и, ᲂу҆мерщвлѧ́еми є҆смы̀ ве́сь де́нь.

Сті́хъ: Вмѣни́хомсѧ ꙗ҆́кѡ ѻ҆́вцы заколе́нїѧ.

є҃і Ст҃а́гѡ равноа҆пⷭ҇льнагѡ вели́кагѡ кнѧ́зѧ влади́мїра, нарече́ннагѡ во ст҃ѣ́мъ кр҃щє́нїи васі́лїа:

На ᲂу҆́трени проки́менъ, гла́съ д҃:

Вознесо́хъ и҆збра́ннаго ѿ люде́й мои́хъ.

Сті́хъ: И҆́бо рꙋка̀ моѧ̀ застꙋ́питъ є҆го̀.

The Month of July

4 The Holy Right-believing Passionbearers: Tsar-martyr Nicholas, TsaritsaAlexandra, Crown Prince Alexis, Princesses Olga, Tatiana, Maria, and Anastasia, the venerable martyrs Grand Duchess Elizabeth and Nun Barbara, and those slain with them (†1918).

The Prokeimenon at Matins, Fourth Tone:

For thy sake, O Lord, are we killed all the day long.
Verse: We are accounted as sheep for the slaughter.

15 The Holy Equal-of-the-Apostles Great Prince Vladimir, called in holy baptism Basil.

The Prokeimenon at Matins, Fourth Tone:

I have raised up the chosen one of My people.
Verse: For My hand shall hold him up.

к҃д Ст҃ы́хъ мч҃нникъ бори́са и҆ глѣ́ба, во ст҃ѣ́мъ кр҃ще́нїи нарече́нныхъ ршма́на и҆ дави́да:

На ᲂу҆́трени проки́менъ, гла́съ д҃:

Воззва́ша пра́веднїи, и҆ гдⷭ҇ь ᲂу҆слы́ша и҆̀хъ: (Зрѝ деке́мврїа во ҃ı҃-и҃ де́нь).

Мѣ́сѧцъ а҆́ѵгꙋстъ

ѕ҃ Ст҃о́е преѡбраже́нїе гдⷭ҇а бг҃а и҆ сп҃са на́шегѡ і҆ис҃а хрⷭ҇та̀.

Пра́здникъ, и҆ разрѣше́нїе ры́бы.

На ᲂу҆́трени проки́менъ, гла́съ д҃:

Ѳаві́ръ и҆ є҆рмѡ́нъ ѡ҆ и҆́мени твое́мъ возра́дꙋетасѧ.

Сті́хъ: Твоѧ̑ сꙋ́ть небеса̀, и҆ твоѧ̀ є҆́сть землѧ̀.

Въ то́йже де́нь ве́чера проки́менъ, гла́съ з҃:

Бг҃ъ на́шъ на небесѝ и҆ на землѝ: (Зрѝ понедѣ́льникъ свѣ́тлыѧ седми́цы, с. 220).

24 The Holy Martyrs Boris and Gleb, in holy baptism called Romanus and David.

The Prokeimenon at Matins:

The righteous cried, and the Lord heard them . . . (See December 13th).

The Month of August

6 The Holy Transfiguration of our Lord, God, and Saviour Jesus Christ.

Feast, and fish allowed.

The Prokeimenon at Matins, Fourth Tone:

Tabor and Hermon shall rejoice in Thy name. Verse: The heavens are Thine, the earth also is Thine.

On the same day at Vespers,
Prokeimenon, Seventh Tone

Our God is in heaven and on earth . . . (See Monday of Bright Week, p. 221).

є҃і Оу҆спе́нїе прест҃ы́ѧ вл҃чцы на́шеѧ бцⷣы и҆ приснодв҃ы мр҃і́и.

Пра́здникъ, и҆ разрѣше́нїе ры́бы.

На оу҆́трени прокі́менъ, гла́съ д҃:

Помѧнꙋ̀ и҆́мѧ твоѐ: (Зри̑ септе́мврїа, во и҃-й де́нь).

ѕ҃і Ѿ є҆де́са пренесе́нїе въ кѡнстанті́нь гра́дъ нерꙋкотворе́ннагѡ ѻ҆́браза гдⷭ҇а бг҃а и҆ сп҃са на́шегѡ і҆и҃са хрⷭ҇та̀, ре́кше ст҃а́гѡ оу҆брꙋ́са:

И҆ ст҃а́гѡ мꙋ́ченика дїоми́да.

А҆́ще хра́мъ, на оу҆́трени прокі́менъ:

Гдⷭ҇и, во свѣ́тѣ лица̀ твоегѡ̀ по́йдемъ, и҆ ѡ҆ и҆́мени твое́мъ возра́дꙋемсѧ во вѣ́ки. Сті́хъ: Ви́дѣша всѝ концы̀ земли̇̀ сп҃се́нїе бг҃а на́шегѡ.

15 The Dormition of Our Most Holy Lady Theotokos and Ever Virgin Mary.

Feast, and fish allowed.

The Prokeimenon at Matins, Fourth Tone

I will commemorate thy name . . . (See September 8th).

16 The Translation from Edessa to Constantinople of the Image-not-made-by-hands of our Lord God and Saviour Jesus Christ.

And Holy Martyr Diomedes.

If it be the feast of the temple:

The Prokeimenon at Matins, Fourth Tone

O Lord, we shall walk in the light of Thy countenance, and in Thy Name shall we rejoice unto the ages.

Verse: All the ends of the earth have seen the salvation of our God.

Велича́нїѧ пра́здникѡмъ гдⷭ҇скимъ, бг҃оро́дичнымъ и҆ ст҃ы́хъ.

На ржⷭ҇тво̀ бцⷣы.

Велича́емъ тѧ̀, прест҃а́ѧ дв҃о, и҆ чте́мъ ст҃ы́хъ твои́хъ роди́телей, и҆ всесла́вное сла́вимъ ржⷭ҇тво̀ твоѐ.

На воздви́женїе чⷭ҇тна́гѡ крⷭ҇та̀.

Велича́емъ тѧ̀, живода́вче хрⷭ҇тѐ, и҆ чте́мъ крⷭ҇тъ тво́й ст҃ы́й, и҆́мже на́съ спа́слъ є҆сѝ ѿ рабо́ты вра́жїѧ.

Покро́въ прест҃ы́ѧ бцⷣы.

Велича́емъ тѧ̀, прест҃а́ѧ дв҃о, и҆ чте́мъ покро́въ тво́й чⷭ҇тный, тѧ́ бо ст҃ы́й а҆ндре́й ви́дѣ на возду́сѣ, за ны̀ хрⷭ҇тꙋ̀ молѧ́щꙋюсѧ.

На вхо́дъ бцⷣы.

Велича́емъ тѧ̀, прест҃а́ѧ дв҃о, бг҃оизбра́ннаѧ ѻ҆трокови́це, и҆ чте́мъ є҆́же въ хра́мъ гдⷭ҇нь вхожде́нїе твоѐ.

The Magnifications of the Feasts of the Lord, of the Theotokos, and of the Saints

The Nativity of the Most Holy Theotokos

We magnify Thee, O Most Holy Virgin, and we honor thy holy parents, and we glorify Thine all-glorious Nativity.

The Exaltation of the Precious Cross

We magnify Thee, O Christ the Giver of Life, and we honor Thy Holy Cross, whereby Thou hast saved us from bondage to the enemy.

The Protection of the Most Holy Theotokos

We magnify Thee, O Most Holy Virgin, and we honor thy venerable Protection, for the holy Andrew saw Thee in the air, entreating Christ for us.

The Entrance of the Theotokos into the Temple

We magnify Thee, O Most Holy Virgin, Maiden chosen of God, and we honor Thine Entry into the Temple of the Lord.

На ржⷭ҇тво̀ гдⷭ҇а бг҃а на́шегѡ і҆и҃са хрⷭ҇та̀.

Велича́емъ тѧ̀, живода́вче хрⷭ҇тѐ, на́съ ра́ди ны́нѣ пло́тїю ро́ждшагосѧ ѿ безневѣ́стныѧ и҆ пречⷭ҇тыѧ дв҃ы мр҃і́и.

На ст҃о́е бг҃оѧвле́нїе гдⷭ҇а бг҃а на́шегѡ і҆и҃са хрⷭ҇та̀.

Велича́емъ тѧ̀, живода́вче хрⷭ҇тѐ, на́съ ра́ди ны́нѣ пло́тїю крⷭ҇ти́вшагосѧ ѿ і҆ѡа́нна въ вода́хъ і҆ѻрда́нскихъ.

Трїе́мъ ст҃и́телємъ.

Велича́емъ ва́съ, ст҃и́телїе хрⷭ҇то́вы: васі́лїе вели́кїй, григо́рїе бг҃осло́ве и҆ і҆ѡа́нне златоу́сте, и҆ чте́мъ ст҃у́ю па́мѧть ва́шу: вы̀ бо мо́лите за на́съ хрⷭ҇та̀ бг҃а на́шего.

На срѣ́тенїе гдⷭ҇а бг҃а на́шегѡ і҆и҃са хрⷭ҇та̀.

Велича́емъ тѧ̀, живода́вче хрⷭ҇тѐ, и҆ чте́мъ пречⷭ҇тꙋ́ю мт҃рь твою̀, ꙗ҆̀же по зако́нꙋ ны́нѣ принесе́сѧ є҆сѝ въ хра́мъ гдⷭ҇нь.

The Nativity of Our Lord and God, Jesus Christ

We magnify Thee, O Christ the Giver of Life, Who for our sake now art born in the flesh of the Unwedded and Most Pure Virgin Mary.

The Holy Theophany of Our Lord and God, Jesus Christ

We magnify Thee, O Christ the Giver of Life, Who for our sake now art baptized in the flesh by John in the waters of the Jordan.

For the Three Hierarchs

We magnify you, O Hierarchs of Christ: Basil the Great, Gregory the Theologian, and John Chrysostom, and we honor your holy memory; for ye do pray for us to Christ our God.

The Meeting of Our Lord and God, Jesus Christ

We magnify Thee, O Christ the Giver of Life, and we honor Thy Most Pure Mother, by whom, in accordance with the Law, Thou now art brought into the Temple of the Lord.

На бл҃говѣ́щенїе прест҃ы́ѧ бцⷣы.

А҆рха́гг҃льскїй гла́съ вопїе́мъ ти̑, чⷭ҇таѧ: ра́дꙋйсѧ бл҃года́тнаѧ, гдⷭ҇ь съ тобо́ю.

Въ недѣ́лю цвѣтнꙋ́ю.

Велича́емъ тѧ̀, живода́вче хрⷭ҇тѐ, ѡ҆са́нна въ вы́шнихъ, и҆ мы̀ тебѣ̀ вопїе́мъ: бл҃гослове́нъ грѧды́й во и҆́мѧ гдⷭ҇не.

Въ но́вꙋю недѣ́лю, ꙗ҆́же є҆́сть ѳомина̀.

Велича́емъ тѧ̀, живода́вче хрⷭ҇тѐ, на́съ ра́ди во а҆́дъ сше́дшаго, и҆ съ собо́ю всѧ̑ воскрⷭ҇си́вшаго.

Равноап҇льнымъ меѳо́дїю и҆ кѷрі́ллꙋ.

Велича́емъ ва́съ, равноап҇льнїи меѳо́дїе и҆ кѷрі́лле, всѧ̑ слове́нскїѧ стра́ны ᲂу҆че́ньми свои́ми просвѣти́вшїѧ и҆ ко хрⷭ҇тꙋ̀ приве́дшїѧ.

The Annunciation of the Most Holy Theotokos

With the voice of the Archangel we cry to Thee, O Most pure One: Rejoice, full of grace, the Lord is with Thee.

On Palm Sunday

We magnify Thee, O Christ the Giver of Life, and we cry aloud to Thee, Hosanna in the highest: Blessed is he that cometh in the name of the Lord.

On Thomas Sunday

We magnify Thee, O Christ the Giver of Life, Who for our sake hast descended into hades, and with Thyself hast resurrected all.

For the Equals-of-the-Apostles Methodius and Cyril

We magnify you, O Equals-of-the-Apostles Methodius and Cyril, who by your teachings have enlightened all the Slavic lands and brought them to Christ.

На вознесе́нїе гдⷭ҇а на́шегѡ і҆и҃са хрⷭ҇та̀.

Велича́емъ тѧ̀, живода́вче хрⷭ҇тѐ, и҆ почита́емъ є҆́же на нб҃са̀ съ пречⷭ҇тою твое́ю пло́тїю, бж҃ственное вознесе́нїе.

Въ недѣ́лю н҃-ю.

Велича́емъ тѧ̀, живода́вче хрⷭ҇тѐ, и҆ чте́мъ всест҃а́го дх҃а твоего̀, є҆го́же ѿ ѻ҆ц҃а̀ посла́лъ є҆сѝ бж҃ственнымъ ᲂу҆чн҃кѡ́мъ твои̑мъ.

Всѣ́мъ ст҃ы̑мъ въ землѝ рꙋ́сстѣй просїѧ́вшымъ.

Велича́емъ ва́съ, ст҃і́и всѝ, въ землѝ рꙋ́сской просїѧ́вшїи, и҆ чте́мъ ст҃ꙋ́ю па́мѧть ва́шꙋ, вы́ бо мо́лите за на́съ хрⷭ҇та̀ бг҃а на́шего.

На рождество̀ прⷣте́чево.

Велича́емъ тѧ̀, прⷣте́че сп҃совъ і҆ѡа́нне, и҆ чте́мъ є҆́же ѿ непло́довe, пресла́вное рождество̀ твоѐ.

The Ascension of Our Lord Jesus Christ

We magnify Thee, O Christ the Giver of Life, and We honor Thy Divine Ascension with Thy most pure Flesh into heaven.

On the Sunday of Pentecost

We magnify Thee, O Christ the Giver of Life, and We honor Thine all-holy Spirit, Whom Thou didst send from the Father to Thy divine disciples.

For All Saints of the Russian Land

We magnify you, all ye saints that have shone forth in the Russian land, and we honor your holy memory, for ye do pray for us to Christ our God.

The Nativity of St. John The Baptist

We magnify thee, O John, Forerunner of the Saviour, and we honor thy most glorious nativity, which came from a barren woman.

С҃ты́мъ а҆п҃лѡмъ петрꙋ̀ и҆ па́ѵлꙋ.

Велича́емъ ва́съ, а҆п҃ли хр҃тѡ́вы пе́тре и҆ па́ѵле, ве́сь мі́ръ оу҆че́ньми свои́ми прос̾вѣти́вшыѧ, и҆ всѧ̑ концы̀ ко хр҃тꙋ̀ приве́дшыѧ.

Равноа҆п҃льномꙋ кнѧ́зю влади́мірꙋ.

Велича́емъ тѧ̀, с҃тый равноа҆п҃льный вели́кїй кнѧ́же влади́міре, и҆ чте́мъ с҃тꙋ́ю па́мѧть твою̀, і҆́дѡлы попра́вшаго и҆ всю̀ зе́млю рꙋ́сскꙋю с҃ты́мъ кр҃ще́нїемъ просвѣти́вшаго.

С҃то́мꙋ прⷪ҇ро́кꙋ и҆лїѝ.

Велича́емъ тѧ̀, прⷪ҇ро́че и҆лїѐ сла́вне, и҆ почита́емъ є҆́же на небеса̀ съ пло́тїю ѻ҆́гненное восхожде́нїе твоѐ.

На преѡбраже́нїе гд҃а бг҃а и҆ сп҃са на́шегѡ і҆ис҃са хр҃та̀.

Велича́емъ тѧ̀, живода́вче хр҃тѐ, и҆ почита́емъ пречⷭ҇тыѧ пло́ти твоеѧ̀ пресла́вное преѡбраже́нїе.

For the Holy Apostles Peter and Paul

We magnify you, O Apostles of Christ Peter and Paul; who by your teachings have enlightened the whole world and brought all the ends of the Earth unto Christ.

For the Holy Prince Vladimir, Equal to the Apostles

We magnify thee, O holy Equal-of-the-Apostles Great Prince Vladimir, and we honor thy holy memory, for thou didst trample down the idols, and enlighten with baptism the whole Russian land.

For the Holy Prophet Elijah

We magnify thee, O glorious Prophet Elijah, and we honor thy fiery ascent in the flesh into heaven.

The Transfiguration of Our Lord, and God, and Saviour Jesus Christ.

We magnify Thee, O Christ the Giver of Life, and We honor the most glorious Transfiguration of Thy most pure Flesh.

На оу҆спе́нїе прест҃ы́ѧ бцⷣы.

Велича́емъ тѧ̀, пренепоро́чнаѧ мт҃и хрⷭ҇та̀ бг҃а на́шегѡ, и҆ всесла́вное сла́вимъ оу҆спе́нїе твоѐ.

На оу҆сѣкнове́нїе главы̀ і҆ѡа́нна прⷣте́чи.

Велича́емъ тѧ̀, крⷭ҇ти́телю сп҃совъ і҆ѡа́нне, и҆ почита́емъ вси̑ чⷭ҇тны́ѧ твоеѧ̀ главы̀ оу҆сѣкнове́нїе.

Ѻ҆́бщїй бцⷣѣ.

Досто́йно є҆́сть велича́ти тѧ̀, бцⷣе, чⷭ҇тнѣ́йшꙋю херꙋві́мъ и҆ сла́внѣйшꙋю без сравне́нїѧ серафі́мъ.

Чꙋдотво́рнѣй і҆ко́нѣ і҆верстѣй.

Велича́емъ тѧ̀, прест҃а́ѧ дв҃о, бг҃оизбра́ннаѧ ѻ҆трокови́це, и҆ чте́мъ ѻ҆́бразъ тво́й ст҃ы́й, и҆́мже то́чиши и҆сцѣлє́нїѧ всѣ̑мъ съ вѣ́рою притека́ющымъ.

The Dormition of the Most Holy Theotokos.

We magnify Thee, O most-blameless Mother of Christ our God, and we glorify Thine all-glorious Dormition.

The Beheading of John the Baptist

We magnify thee, O John, Baptizer of the Saviour, and we all honor the severing of thy venerable head.

Common for the Mother Of God

It is meet to magnify Thee, O Theotokos, more honorable than the Cherubim and beyond compare more glorious than the Seraphim.

The Iveron Icon of the Mother of God

We magnify Thee, O Most-holy Virgin, Maiden chosen of God, and we honor Thine holy image, whereby Thou pourest forth healings upon all who have recourse to it in faith.

Чꙋдотво́рнѣй ї҆кѡ́нѣ поча́евстѣй.

Велича́емъ тѧ̀, прест҃а́ѧ дв҃о, и҆ почита́емъ честнꙋ́ю ї҆кѡ́нꙋ твою̀, ю҆́же ѿ лѣ́тъ дре́внихъ на горѣ̀ поча́евстѣй просла́вила є҆сѝ.

Ст҃ы̑мъ безплѡ́тнымъ ѻ҆́бщїй.

Велича́емъ ва́съ, а҆рха́гг҃ли и҆ а҆́гг҃ли, и҆ всѧ̑ вѡ́инства, херꙋві́ми и҆ серафі́ми, сла́вѧщыѧ гдⷭ҇а.

А҆рхїстрати́гꙋ мїхаи́лꙋ и҆ про́чимъ безплѡ́тнымъ си́ламъ.

Велича́емъ тѧ̀, а҆рхїстрати́же бж҃їй мїхаи́ле, и҆ ва́съ а҆рха́гг҃ли, а҆́гг҃ли, нача̑ла, вла̑сти, прⷭ҇то́ли, гдⷭ҇ьствїѧ, си̑лы и҆ херꙋві́ми, и҆ стра̑шныѧ серафі́ми, прославлѧ́ющыѧ гдⷭ҇а.

Равноаⷫ҇льнѣй ні́нѣ.

Велича́емъ тѧ̀, равноаⷫ҇льнаѧ ні́но, всю̀ странꙋ̀ ї҆ве́рскꙋю свѣ́томъ є҆ѵⷢ҇лїа просвѣти́вшꙋю и҆ ко хрⷭ҇тꙋ̀ приве́дшꙋю.

The Pochaev Icon of the Mother of God

We magnify Thee, O Most-holy Virgin, and we honor Thy precious icon, which Thou didst glorify of old on the Pochaev mountain.

Common for the Holy Bodiless Hosts

We magnify you, O Archangels and Angels, and all the Hosts, the Cherubim and Seraphim, who glorify the Lord.

For the Archangel Michael and the Other Bodiless Hosts

We magnify thee, O Commander of God Michael, and you Archangels, Angels, Principalities, Powers, Thrones, Dominions, Hosts, and Cherubim, and dread Seraphim, who glorify the Lord.

St. Nina, Equal-to-the-Apostles

We magnify thee, O Nina, equal of the apostles, who didst illumine the whole land of Iberia with the light of the Gospel and didst lead it to Christ.

Ѻ҆́бщїй а҆п҃лѡмъ.

Велича́емъ тѧ̀, а҆п҃ле хрⷭ҇то́въ, и҆м҇къ, и҆ чте́мъ болѣ́зни и҆ трꙋды̀ твоѧ̑, и҆̀миже трꙋди́лсѧ є҆сѝ во бл҃говѣ́стїи хрⷭ҇то́вѣ.

На па́мѧти ст҃ы́хъ мч҃нкъ ѻ҆́бщїй.

Велича́емъ тѧ̀, страстоте́рпче ст҃ы́й и҆м҇къ, и҆ чте́мъ чⷭ҇тна̑ѧ страда̑нїѧ твоѧ̑, ꙗ҆̀же за хрⷭ҇та̀ претерпѣ́лъ є҆сѝ.

Ст҃и́телемъ ѻ҆́бщїй.

Велича́емъ тѧ̀, ст҃и́телю ѻ҆́тче, и҆м҇къ, и҆ чте́мъ ст҃ꙋ́ю па́мѧть твою̀: ты̀ бо мо́лиши за на́съ хрⷭ҇та̀ бг҃а на́шего.

На па́мѧти прпⷣбныхъ ѻ҆́бщїй.

Ꙋ҆бл҃жа́емъ тѧ̀, прпⷣбне ѻ҆́тче и҆м҇къ, и҆ чте́мъ ст҃ꙋ́ю па́мѧть твою̀, наста́вниче мона́хѡвъ и҆ собесѣ́дниче а҆́гг҃лѡвъ.

Прпⷣбномꙋ́ченицѣ.

Велича́емъ тѧ̀, стастоте́рпице ст҃а́ѧ, и҆м҇рекъ, и҆ чте́мъ ст҃ꙋ́ю па́мѧть твою̀: ты̀ бо мо́лиши за на́съ хрⷭ҇та̀ бг҃а на́шего.

Common for the Apostles

We magnify thee, O Apostle of Christ N., and we honor thy pains and labours, whereby thou didst labour in proclaiming the Gospel of Christ.

Common for Holy Martyrs

We magnify thee, O Holy Passion-bearer N., and we honor thy venerable sufferings, which thou didst endure for Christ.

Common for Hierarchs

We magnify thee, O Holy Hierarch Father N., and we honor thy holy memory, for thou dost pray for us to Christ our God.

Common for Venerable Saints

We bless thee, O Venerable Father N., and we honor thy holy memory, instructor of monks and converser with angels.

Common for Nun-martyrs

We magnify thee, O Holy Passion-bearer N., and we honor thy holy memory, for thou dost pray for us to Christ our God.

Безме́здникѡмъ.

Велича́емъ ва́съ, чꙋдотво́рцы сла́внїи и҆мкъ, и҆ чте́мъ честна̑ѧ страда̑нїѧ ва̑ша, ꙗ҆̀же за хрⷭ҇та̀ претерпѣ́ли є҆стѐ.

На па̑мѧти прⷣ҇бныхъ ѻ҆бщі́й.

Ꙋ҆блажа́емъ тѧ̀, ст҃ы́й прⷣ҇бный и҆мкъ, и҆ чте́мъ ст҃ꙋ́ю па́мѧть твою̀: ты̀ бо мо́лиши за на́съ хрⷭ҇та̀ бг҃а на́шего.

Common for Unmercenary Healers

We magnify you, O glorious Wonderworkers NN., and we honor your precious sufferings, which ye did endure for Christ.

For the Commemoration of the Righteous Saints

We bless thee, O Holy Righteous N., and we honor thy holy memory, for thou dost pray for us to Christ our God.

Ѿпꙋ́сты пра́здничнїи

Ѿпꙋ́сты вл҃чнихъ пра́здникѡвъ, глаго́лемїи въ вече́рню и҆ во ᲂу҆́треню по чи́нꙋ.

Мц҃а деке́мврїа въ к҃є де́нь.

На рж҃тво̀ хрⷭ҇то́во.

На всено́щномъ бдѣ́нїи:

И҆́же въ верте́пѣ роди́выйсѧ, и҆ въ ꙗ҆́слехъ возлегі́й, на́шегѡ ра́ди спасе́нїѧ, хрⷭ҇то́съ и҆́стинный бг҃ъ на́шъ: мл҃твами прч҇тыѧ своеѧ̀ мт҃ре, прпⷣбныхъ и҆ бг҃оно́сныхъ ѻ҆тє́цъ на́шихъ и҆ всѣ́хъ ст҃ы́хъ, поми́лꙋетъ и҆ сп҃се́тъ на́съ, ꙗ҆́кѡ бл҃гъ и҆ чл҃вѣколю́бецъ.

На ѡ҆брѣ́занїе:

И҆́же во ѻ҆смы́й де́нь пло́тїю ѡ҆брѣ́затисѧ и҆зво́ливый, на́шегѡ ра́ди сп҃се́нїѧ, хрⷭ҇то́съ и҆́стинный бг҃ъ на́шъ:

The Festal Dismissals

Dismissals for feasts of the Lord, which are said at Vespers and at Matins, as appointed.

The Month of December on the 25th Day.

On the Nativity of Christ.

At the All-Night Vigil:

May Christ our true God, Who was born in a cave, and lay in a manger for our salvation, through the intercessions of His most pure Mother, of our holy and God-bearing fathers, and of all the saints, have mercy on us and save us, for He is good and the Lover of mankind.

On the Circumcision:

May Christ our true God, Who on the eighth day deigned to be circumcised for our salvation . . .

На бг҃оявле́нїе:

И҆́же во і҆орда́нѣ кр҃ти́тисѧ и҆зво́ливый ѿ і҆ѡа́нна, на́шегѡ ра́ди спасе́нїѧ, хр҃то́съ и҆́стинный бг҃ъ на́шъ:

На срѣ́тенїе:

И҆́же во ѡ҆бѧ́тїихъ првⷣнагѡ сѷмеѡ́на носи́тисѧ и҆зво́ливый, на́шегѡ ра́ди сп҃се́нїѧ, хр҃то́съ и҆́стинный бг҃ъ на́шъ:

На преѡбраже́нїе:

И҆́же на горѣ̀ фавѡ́рстѣй преѡбрази́выйсѧ во сла́вѣ пред̾ ст҃ы́ми свои́ми ᲂу҆чн҃ки̑ и҆ а҆по́стѡлы, хр҃то́съ и҆́стинный бг҃ъ на́шъ:

Въ недѣ́лю ва́їй:

И҆́же на жребѧ́ти ѻ҆́сли сѣ́сти и҆зво́ливый, на́шегѡ ра́ди сп҃се́нїѧ, хр҃то́съ и҆́стинный бг҃ъ на́шъ:

Въ тꙋ́юже недѣ́лю ве́чера:

Грѧды́й гдⷭ҇ь на во́льнꙋю стрⷭ҇ть, на́шегѡ ра́ди сп҃се́нїѧ, хр҃то́съ и҆́стинный бг҃ъ на́шъ:

On Theophany:

May Christ our true God, Who for our salvation deigned to be baptized by John in the Jordan . . .

On the Meeting of the Lord:

May Christ our true God, Who for our salvation deigned to be carried in the arms of the righteous Symeon . . .

On the Transfiguration:

May Christ our true God, Who on Mount Tabor was transfigured in glory before His holy disciples and apostles . . .

On Palm Sunday:

May Christ our true God, Who for our salvation deigned to ride on the colt of an ass . . .

On the same Sunday at Vespers:

May Christ our true God, the Lord Who for our salvation approacheth His voluntary Passion . . .

Въ вели́кїй четверто́къ:

И҆́же за превосходѧ́щꙋю бл҃гость пꙋ́ть добрѣ́йшїй смире́нїѧ показа́вый, внегда̀ ᲂу҆мы́ти но́ги ᲂу҆чн҃кѡ́въ, да́же и҆ до кр҃та̀ и҆ погребе́нїѧ снизше́дый на́мъ, хр҃то́съ и҆́стинный бг҃ъ на́шъ:

Во ѿпꙋ́стѣ ст҃ы́хъ стр҃те́й:

И҆́же ѡ҆плєва́нїѧ, и҆ бїє́нїѧ, и҆ заꙋше́нїѧ, и҆ кр҃тъ, и҆ сме́рть претерпѣ́вый за сп҃се́нїе мі́ра, хр҃то́съ и҆́стинный бг҃ъ на́шъ:

Во ст҃ы́й и҆ вели́кїй пѧто́къ:

И҆́же на́съ ра́ди человѣ́кѡвъ и҆ на́шегѡ ра́ди сп҃се́нїѧ стра̑шныѧ стр҃ти и҆ животворѧ́щїй кр҃тъ и҆ во́льное погребе́нїе пло́тїю и҆зво́ливый, хр҃то́съ и҆́стинный бг҃ъ на́шъ:

On Great Thursday:

May Christ our true God, Who by His surpassing goodness did show the most excellent way of humility when He washed the feet of His disciples, and did condescend even unto the Cross and burial for us . . .

At the dismissal of the Holy Passion Gospels:

May Christ our true God, Who for the salvation of the world endured spitting, and scourging, and buffeting, and the Cross, and death . . .

On Holy and Great Friday:

May Christ our true God, Who for us men and for our salvation did deign to suffer the dread Passion and the life-bearing Cross, and voluntary burial in the flesh . . .

Въ недѣ́лю па́схи и҆ во всю̀ свѣ́тлꙋю седми́цꙋ:

Хрⷭ҇то́съ воскрⷭ҇сый и҆з̾ ме́ртвыхъ, сме́ртїю сме́рть попра́вый и҆ сꙋ́щымъ во гробѣ́хъ живо́тъ дарова́вый, и҆́стинный бг҃ъ на́шъ:

На вознесе́нїе:

И҆́же во сла́вѣ вознесы́йсѧ ѿ на́съ на нбⷭ҇о и҆ ѡ҆десню́ю сѣ́дый бг҃а и҆ ѻ҆ц҃а̀, хрⷭ҇то́съ и҆́стинный бг҃ъ на́шъ:

Въ недѣ́лю пѧтдесѧ́тнꙋю:

И҆́же въ видѣ́нїи ѻ҆́гненныхъ ѧ҆зы̑къ съ небесѐ низпосла́вый прест҃а́го дх҃а на ст҃ы̑ѧ своѧ̑ ᲂу҆чєникѝ и҆ а҆по́столы, хрⷭ҇то́съ и҆́стинный бг҃ъ на́шъ:

On the Sunday of Pascha and during Bright Week:

May Christ our true God, Who rose from the dead, trampling down death by death and on those in the tombs bestowing life . . .

On Ascension:

May Christ our true God, Who in glory did ascend from us into heaven and sit at the right hand of God the Father . . .

On Pentecost Sunday:

May Christ our true God, Who sent down from heaven the Most-Holy Spirit in the form of tongues of fire upon His holy disciples and apostles . . .

Въ тꙋ́юже недѣ́лю ве́чера:

И҆́же ѿ ѻ҆́тчихъ и҆ бж҃твенныхъ нѣ́дръ и҆стощи́вый себѐ, и҆ съ нб҃сѐ на зе́млю сшє́дый, и҆ на́ше всѐ воспрїе́мый є҆стество̀, и҆ ѡ҆божи́вый є҆̀, по си́хъ же на небеса̀ па́ки восшє́дый и҆ ѡ҆деснꙋ́ю сѣ́дый бг҃а и҆ ѻ҆ц҃а̀, бж҃твеннаго же и҆ ст҃а́го, и҆ є҆диносꙋ́щнаго, є҆диноси́льнаго, є҆диносла́внаго, и҆ соприсносꙋ́щнаго дх҃а низпосла́вый на ст҃ы҄ѧ своѧ҄ ᲂу҆чн҃ки̑ и҆ а҆п҃лы, и҆ си́мъ просвѣти́вый ᲂу҆бѡ̀ и҆̀хъ, тѣ́ми же всю̀ вселе́ннꙋю, хрⷭ҇то́съ и҆́стинный бг҃ъ на́шъ: мл҃твами пречⷭ҇тыѧ и҆ пренепоро́чныѧ ст҃ы́ѧ своеѧ̀ мт҃ре: ст҃ы́хъ сла́вныхъ прехва́льныхъ, бг҃опропов҃ѣдникѡвъ и҆ дх҃оно́сныхъ а҆пⷭ҇лъ: и҆ всѣ́хъ ст҃ы́хъ, поми́лꙋетъ и҆ сп҃се́тъ на́съ, ꙗ҆́кѡ бл҃гъ и҆ чл҃вѣколю́бецъ.

On the same Sunday at Vespers:

May Christ our true God, Who did empty Himself from the divine bosom of the Father, and came down from the heavens to the earth, and took upon Himself all our nature, and deified it, and afterwards did ascend again into the heavens and sit at the right hand of God the Father, and did send down upon His holy disciples and apostles the Divine and Holy Spirit, one in essence, one in power, one in glory, and co-everlasting, and through Him did enlighten them, and through them the whole world, through the intercessions of His most pure and most blameless Mother; of the holy, glorious, most-praised preachers of God, the Spirit-bearing apostles; and of all the saints, have mercy on us and save us, for He is good and the Lover of mankind.

Ѿпꙋ́сты дневні́и

во всю̀ седми́цꙋ, по ѻ҆бы́чаю ст҃ы́ѧ восто́чныѧ цр҃кве.

Въ сꙋббѡ́тꙋ ве́чера и҆ недѣ́лю ᲂу҆́тра:

Воскр҃сый и҆з̾ ме́ртвыхъ хрⷭ҇то́съ и҆́стинный бг҃ъ на́шъ, мл҃твами прест҃ы́ѧ своеѧ̀ мт҃ре, ст҃ы́хъ сла́вныхъ и҆ всехва́льныхъ а҆пⷭ҇лъ: [и҆ ст҃а́гѡ, є҆гѡ́же є҆́сть хра́мъ и҆ є҆гѡ́же є҆́сть де́нь], ст҃ы́хъ и҆ првⷣныхъ бг҃оѻтє́цъ і҆ѡакі́ма и҆ а҆́нны и҆ всѣ́хъ ст҃ы́хъ, поми́лꙋетъ и҆ сп҃се́тъ на́съ, ꙗ҆́кѡ бл҃гъ и҆ чл҃вѣколю́бецъ.

Въ недѣ́лю ве́чера и҆ въ понедѣ́льникъ ᲂу҆́тра:

Хрⷭ҇то́съ и҆́стинный бг҃ъ на́шъ, мл҃твами прест҃ы́ѧ своеѧ̀ мт҃ре, предста́тельствы чⷭ҇тны́хъ нбⷭ҇ныхъ си́лъ безпло́тныхъ, ст҃ы́хъ сла́вныхъ и҆ всехва́льныхъ а҆пⷭ҇лъ: и҆ про́чаѧ.

Daily Dismissals

for all the week, according to the usage of the Holy Eastern Church.

On Saturday evening and Sunday morning:

May Christ our true God, Who rose from the dead, through the intercessions of His most pure Mother; of the holy, glorious, and all-praised apostles (and of the saint(s) whose temple it is and whose day it is); of the holy and Righteous Ancestors of God, Joachim and Anna; and of all the saints, have mercy on us and save us, for He is good and the Lover of mankind.

On Sunday evening and Monday morning:

May Christ our true God, through the intercessions of His most pure Mother, the mediations of the honorable heavenly Bodiless Hosts, the intercessions of the holy, glorious, and all-praised apostles,...

Въ понедѣ́льникъ ве́чера и҆ во вто́рникъ ᲂу҆́тра:

Хрⷭ҇то́съ и҆́стинный бг҃ъ на́шъ, мл҃твами пречⷭ҇тыѧ своеѧ̀ мт҃ре, чⷭ҇тна́гѡ сла́внагѡ прⷪ҇ро́ка, прⷣ҇те́чи и҆ крⷭ҇ти́телѧ і҆ѡа́нна, ст҃ы́хъ сла́вныхъ и҆ всехва́льныхъ а҆пⷭ҇лъ: и҆ прⷪ҇ѡ́чаѧ.

Во вто́рникъ и҆ въ четверто́къ ве́чера, въ сре́дꙋ и҆ въ пѧто́къ ᲂу҆́тра:

Хрⷭ҇то́съ и҆́стинный бг҃ъ на́шъ, мл҃твами пречⷭ҇тыѧ своеѧ̀ мт҃ре, си́лою чⷭ҇тна́гѡ и҆ животворѧ́щагѡ крⷭ҇та̀, ст҃ы́хъ сла́вныхъ и҆ всехва́льныхъ а҆пⷭ҇лъ: и҆ прⷪ҇ѡ́чаѧ.

Въ сре́дꙋ ве́чера и҆ въ четверто́къ ᲂу҆́тра:

Хрⷭ҇то́съ и҆́стинный бг҃ъ на́шъ, мл҃твами пречⷭ҇тыѧ своеѧ̀ мт҃ре, ст҃ы́хъ сла́вныхъ и҆ всехва́льныхъ а҆пⷭ҇лъ, и҆́же во ст҃ы́хъ ѻ҆тца̀ на́шегѡ нїкола́а, а҆рхїеп҃кпа мѵ́рлѷкі́йскихъ, чꙋдотво́рца: и҆ прⷪ҇ѡ́чаѧ.

On Monday evening and Tuesday morning:

May Christ our true God, through the intercessions of His most pure Mother; of the honorable, glorious Prophet, Forerunner, and Baptist John; of the holy, glorious, and all-praised apostles,…

On Tuesday and Thursday evenings, and Wednesday and Friday mornings:

May Christ our true God, through the intercessions of His most pure Mother; the power of the precious and life-giving Cross, the intercessions of the holy, glorious, and all-praised apostles,…

On Wednesday evenings and Thursday mornings:

May Christ our true God, through the intercessions of His most pure Mother; of the holy, glorious, and all-praised apostles, of our father among the saints, Nicholas the Wonderworker, archbishop of Myra in Lycia,…

Въ пѧто́къ ве́чера и҆ въ сꙋббѡ́тꙋ ᲂу҆́тра:

Хрⷭ҇то́съ и҆́стинный бг҃ъ на́шъ, мл҃твами пречⷭ҇тыѧ своеѧ̀ мт҃ре, ст҃ы́хъ сла́вныхъ и҆ всехва́льныхъ а҆пⷭ҇лъ, ст҃ы́хъ сла́вныхъ и҆ добропобѣ́дныхъ мч҃нкѡвъ, прпⷣбныхъ и҆ бг҃оно́сныхъ ѻ҆тє́цъ на́шихъ, [и҆ ст҃а́гѡ хра́ма и҆ днѐ], ст҃ы́хъ и҆ првⷣныхъ бг҃оѻтє́цъ і҆ѡакі́ма и҆ а҆́нны и҆ всѣ́хъ ст҃ы́хъ, поми́лꙋетъ и҆ сп҃се́тъ на́съ, ꙗ҆́кѡ бл҃гъ и҆ чл҃вѣколю́бецъ.

На повече́рїи, полꙋ́нощницѣ и҆ пе́рвомъ ча́сѣ во все́й седми́цѣ быва́етъ ма́лый ѿпꙋ́стъ сі́це:

Хрⷭ҇то́съ и҆́стинный бг҃ъ на́шъ, мл҃твами пречⷭ҇тыѧ своеѧ̀ мт҃ре, прпⷣбныхъ и҆ бг҃оно́сныхъ ѻ҆тє́цъ на́шихъ и҆ всѣ́хъ ст҃ы́хъ, поми́лꙋетъ и҆ сп҃се́тъ на́съ, ꙗ҆́кѡ бл҃гъ и҆ чл҃вѣколю́бецъ.

On Friday evenings and Saturday mornings:

May Christ our true God, through the intercessions of His most pure Mother; of the holy, glorious, and all-praised apostles, of the holy, glorious, and victorious martyrs, of our holy and God-bearing fathers (and the saint(s) of the temple and the day), of the holy and Righteous Ancestors of God, Joachim and Anna, and of all the saints, have mercy on us and save us, for He is good and the Lover of mankind.

At Compline, the Midnight Office,
and the First Hour throughout the week,
the Lesser Dismissal is done thus:

May Christ our true God, through the intercessions of His most pure Mother, of our holy and God-bearing fathers, and of all the saints, have mercy on us and save us, for He is good and the Lover of mankind.

То́чїю въ недѣ́лю на полꙋно́щницѣ и҆ пе́рвомъ ча́сѣ прилага́етсѧ въ нача́лѣ:

Воскр҃сый и҆з̾ ме́ртвыхъ:

Вѣ́домо бꙋ́ди и҆ ѡ҆ се́мъ, ꙗ҆́кѡ и҆дѣ́же є҆́сть хра́мъ сп҃са хр҇та̀, рж҃тво̀, и҆лѝ бг҃оꙗвле́нїе, и҆лѝ вознесе́нїе, и҆ прѡ́чаѧ, въ седми́чномъ ѿпꙋ́стѣ не возглаша́ютсѧ пра́здничные ѿпꙋ́сты, то́чїю возглаша́етсѧ пра́здничный ѿпꙋ́стъ въ де́нь пра́здника и҆ до ѿда́нїѧ: а҆ во ве́сь го́дъ то́кмѡ: Хр҇то́съ и҆́стинный бг҃ъ на́шъ: и прѡ́чаѧ по днѝ.

But on Sundays, at the Midnight Office and the First Hour, the following is appended to the beginning:

May Christ our true God, Who rose from the dead,...

Be it known also concerning this, that where there be a temple dedicated to Christ the Saviour, the Nativity, or the Theophany, or the Ascension, etc., at the weekday dismissal the festal dismissals are not said, but only on the day of the feast and until the apodosis (leave-taking) is the festal dismissal said; but during the entire year only May Christ our true God: and the rest according to the day of the week.